sapateado
FUNDAMENTOS E TÉCNICAS

sapateado
FUNDAMENTOS E TÉCNICAS

LISA LEWIS, PhD
Austin Peay State University

Título original em inglês: *Beginning Tap Dance*
Copyright © 2013 Human Kinetics, Inc. Todos os direitos reservados.
Publicado mediante acordo com a Human Kinetics, EUA.

Este livro contempla as regras do Acordo Ortográfico da Língua Portuguesa.

Editor-gestor: Walter Luiz Coutinho
Editora de traduções: Denise Yumi Chinem
Produção editorial: Priscila Pereira Mota Hidaka e Gabriela Rocha Ribeiro

Tradução: Marcia Di Domenico

Consultoria técnica: Flá Scalzzo
  Diretora do Studio de Sapateado e da Cia Cênica de Sapateado
  Diretora da Cia Cênica de Sapateado de São Paulo
  Especializada em sapateado norte-americano pelas principais escolas de Nova York, Estados Unidos
    (Steps on Broadway, Broadway Dance Center e American Tap Dance Foundation)

Revisão de tradução e revisão de prova: Depto. editorial da Editora Manole
Projeto gráfico: Vinicius Asevedo Vieira
Diagramação: Aline Shinzato da Silva
Capa: Depto. de arte da Editora Manole
Imagem da capa: Eduardo Sassaki
Editora de arte: Deborah Sayuri Takaishi

Dados Internacionais de Catalogação na Publicação (CIP)
(Câmara Brasileira do Livro, SP, Brasil)

Lewis, Lisa
  Sapateado : fundamentos e técnicas / Lisa Lewis ;
[tradução Marcia Di Domenico]. -- Barueri, SP :
Manole, 2016.

  Título original: Beginning tap dance.
  Bibliografia
  ISBN 978-85-204-4565-5

  1. Dança - Estudo e ensino 2. Dança - Técnica
3. Sapateado - Estudo e ensino I. Título.

15-09600   CDD-792.7807

  Índices para catálogo sistemático:
    1. Sapateado : Dança : Estudo e ensino
         792.7807

Nenhuma parte deste livro poderá ser reproduzida, por qualquer processo,
sem a permissão expressa dos editores.
É proibida a reprodução por xerox.
A Editora Manole é filiada à ABDR – Associação Brasileira de Direitos Reprográficos.

Edição brasileira – 2016

Direitos em língua portuguesa adquiridos pela:
Editora Manole Ltda.
Av. Ceci, 672 – Tamboré – 06460-120 – Barueri – SP – Brasil
Fone: (11) 4196-6000 | Fax: (11) 4196-6021
www.manole.com.br | info@manole.com.br

Impresso no Brasil
Printed in Brazil

Notas:
O conteúdo deste livro destina-se a promover informações úteis ao público geral. Todos os leitores são aconselhados a procurar orientação profissional antes de iniciar qualquer programa de atividade física, principalmente em casos de problemas específicos de saúde. A autora e os editores eximem-se de toda e qualquer responsabilidade por prejuízos ou danos que possam ocorrer por consequência direta ou indireta do uso de quaisquer informações contidas nesta publicação.

A consultoria técnica teve como foco a adequação da terminologia ao contexto brasileiro. A revisora colaboradora se exime de qualquer responsabilidade em relação ao conteúdo e não atesta ou reforça a validade das informações publicadas, que expressam a opinião exclusiva da autora.

Em memória de meu amado marido,
alma gêmea e melhor amigo, Johnny Van Lewis.

Sumário

Prefácio ix
Agradecimentos xi
Sobre a autora xiii

1 Introdução ao sapateado 1
   Definição 2
   Benefícios do estudo do sapateado...2
   Noções básicas 3
   Expectativas e comportamento do aluno em aula 4
   Estrutura da aula 6
   Processo de aprendizado 9
   O sapateado como arte performática 10
   Resumo 10

2 Preparação para a aula 11
   Trajes para a aula 12
   Cuidados com os pés e higiene pessoal 13
   Transporte dos equipamentos de dança 13
   Escolha dos sapatos 13
   Preparação mental e física 15
   Resumo 18

3 Segurança e saúde 21
   Segurança no estúdio...22
   Segurança pessoal..23
   Anatomia básica 24
   Cinesiologia básica 27
   Prevenção e tratamento de lesões comuns na dança........................28
   Manutenção da postura 31
   Compreensão do condicionamento 33
   Nutrição, hidratação e descanso 34
   Resumo 36

4 Aprendizado e desempenho 37
   Linguagens do sapateado 38
   Aprendizado dos passos de sapateado 38
   Aprendizado das técnicas de sapateado 40

Compreensão da musicalidade 42
　　　Compreensão da arte 47
　　　Aplicação dos princípios estéticos ao sapateado 47
　　　Preparação para o exame 48
　　　Resumo 50

5 Passos de sapateado **51**
　　　Compreensão do movimento 52
　　　Posições dos pés e símbolos 52
　　　Movimentos locomotores com ritmos regulares 55
　　　Movimentos locomotores com ritmos irregulares 59
　　　Passos de dança básicos 60
　　　Passos de sapateado que produzem um som 63
　　　Passos de sapateado que produzem dois sons 67
　　　Passos de sapateado que produzem três sons 69
　　　Passos de sapateado que produzem quatro ou mais sons 71
　　　Outros passos 80
　　　Resumo 82

6 Desenvolvimento da técnica de sapateado **83**
　　　Preaquecimento 84
　　　Aquecimento 84
　　　Na barra 85
　　　Na diagonal 87
　　　No centro 88
　　　Relaxamento 89
　　　Resumo 92

7 História do sapateado **93**
　　　Dança irlandesa 94
　　　Step dance inglês 94
　　　Dança africana 94
　　　Dança nativa norte-americana 96
　　　Shows de menestréis 97
　　　Vaudeville 97
　　　Filmes 99
　　　Artistas do sapateado 100
　　　Estilos e estética do sapateado 106
　　　Resumo 107

Glossário 109
Referências bibliográficas 115
Índice remissivo 117

Prefácio

Sapateado – Fundamentos e técnicas é o seu guia para o mundo dos movimentos básicos do sapateado. Cada leitor tem um ponto de partida único nessa jornada. Seja um iniciante ou um bailarino experiente, você encontrará o que procura neste livro. Ele introduz o leitor ao sapateado com uma abordagem moderna, tanto no cenário acadêmico como na prática dos estúdios particulares. As explicações concisas ajudam a passar da leitura à dança sem perder nenhuma batida. Embora nenhum livro consiga substituir uma aula de dança, este servirá como um companheiro de prática durante o seu aprendizado das lições básicas do sapateado.

Esta obra é o resultado de anos de treinamento com alguns dos melhores professores do ramo, incluindo Danny Hoctor e Maurice Hines; de um extenso estudo de cinesiologia, biomecânica, anatomia, fisiologia e pedagogia; e de muitos erros, falhas e correções ao lidar com pessoas. Minha carreira no sapateado começou no fim da adolescência. Naquela época, eu bancava os custos das minhas aulas de dança lecionando para crianças em um estúdio na Carolina do Norte, Estados Unidos. À medida que minha carreira na dança progredia, passei a ensinar alunos avançados de *jazz* e sapateado. Apesar de minha vivência com alunos avançados ter sido valiosa, a melhor experiência que tive foi lecionando para iniciantes. Quando dei aula para principiantes na Middle Tennessee State University, aprendi a ensinar sapateado para bailarinos inexperientes, a avaliar com precisão, habilidade e conhecimento, e a trabalhar progressão. Essa experiência de aprendizado forma a base deste livro.

Cada capítulo oferece uma referência de como desenvolver suas habilidades e seu conhecimento de acordo com sua evolução como bailarino de sapateado.

O Capítulo 1, "Introdução ao sapateado", fornece uma visão geral da modalidade. Ele contém o que se deve esperar de sua primeira aula de sapateado, incluindo a definição e os benefícios da dança, além de explicar o papel do aluno nas aulas.

O Capítulo 2, "Preparação para a aula", oferece informações sobre o que vestir, como escolher seus sapatos de sapateado, a preparação física e mental para a aula e seu estilo único de aprendizado.

O Capítulo 3, "Segurança e saúde", discute temas como a segurança pessoal e no estúdio, anatomia e cinesiologia básicas e prevenção e tratamento de lesões comuns na dança.

O Capítulo 4, "Aprendizado e desempenho", apresenta o processo de aprendizado do sapateado, elementos rítmicos e a arte da dança.

O Capítulo 5, "Passos de sapateado", apresenta os passos associados à compreensão do movimento.

O Capítulo 6, "Desenvolvimento da técnica de sapateado", enfoca a construção da técnica de dança, como cada parte da aula é importante para o desenvolvimento e como aprimorar as técnicas de sapateado.

O Capítulo 7, "História do sapateado", demonstra a singularidade do sapateado ao se referir aos diversos grupos étnicos que contribuíram para essa forma de arte. Este capítulo traça a história do sapateado e o relaciona a estilos como o *Irish jig*, a dança africana e a dança nativa norte-americana.

Ao ingressar no mundo do sapateado, tenha em mente que este livro é apenas o começo e que oferece uma pequena seleção de passos a partir das centenas de possibilidades existentes. Assim como cada aluno é único, cada professor utiliza variações de nomes de determinados passos; portanto, pode ser que você encontre diferenças entre os termos deste livro e aqueles usados nas suas aulas de dança. E é isto que torna o sapateado maravilhoso: descobrir que cada região herdou um repertório próprio. É estimulante aprender e apreciar essas diferenças e escolher aquelas que têm a ver com você. Talvez seja interessante anotar as variações e pesquisar a terminologia do sapateado em outras regiões. À medida que adquirir conhecimento, experiência e segurança, você poderá desenvolver um caminho próprio para buscar passos e estilos mais avançados. Aproveite a viagem!

Agradecimentos

A Bonnie Nemeth e Lizzy Morgan, da Barfield School of Dance, em Murfreesboro, Tennessee, Estados Unidos, pelo uso de seu estúdio, e às bailarinas Jasmine Thompson, Alicia List, Christine Licsko, Korissa Earls, Kalea Barnett e Savannah Welch, pelas muitas horas dedicadas como bailarinas e modelos. Também gostaria de agradecer a Gayle Kassing e Bethany Bentley pelo apoio, pelos conselhos e pela paciência ao longo desta jornada.

Sobre a autora

    Lisa Lewis, PhD, é professora adjunta no departamento de saúde e *performance* humana da Austin Peay State University, Tennessee, nos Estados Unidos. Nascida na Carolina do Norte, ela iniciou seu treinamento profissional de dança com os professores mestres Mallory Graham e Danny Hoctor, e mais tarde estudou na cidade de Nova York com o lendário professor de *jazz* Frank Hatchett e com o sapateador profissional Maurice Hines, no estúdio Hines-Hatchett (atualmente Broadway Dance Center). Lewis desenvolveu um conteúdo *on-line* de sapateado para iniciantes enquanto lecionava a modalidade na Middle Tennessee State University, nos Estados Unidos.

1
Introdução ao sapateado

O sapateado é considerado um estilo de dança norte-americano com raízes pelo mundo todo. Das danças circulares celtas aos shows de menestréis do Sul até os musicais da Broadway, o sapateado tem uma história rica, escrita ao longo de milhares de anos. O estilo evoluiu com o tempo, mas o cerne dessa forma de arte permaneceu o mesmo. Para entender o que está na essência do sapateado, faça o seguinte experimento: assista a qualquer vídeo de Savion Glover exibindo suas habilidades sem igual nessa dança. (Você pode assistir a um DVD ou dar uma busca pelo nome na Internet.) Depois, repasse o vídeo com os olhos fechados. Apenas escute e entenderá do que se trata o sapateado: de criar ritmo. Glover disse que, no sapateado, o som é a parte mais importante. Em outras palavras, nessa forma de dança, é melhor ser ouvido do que visto.

Muitas pessoas se interessam pelo sapateado depois de assistir a um vídeo de alguém rodopiando pela pista de dança com precisão rítmica. O que quer que tenha motivado a decisão de explorar essa forma de dança, este livro serve como um guia ao longo dessa jornada. Você se lembra de como foi aprender a cantar canções simples quando era criança ou a pegar e chutar uma bola pela primeira vez? O sapateado usa as mesmas técnicas, ou seja, suas únicas limitações são seu comprometimento e persistência. Diferentemente de outras modalidades de dança, o sapateado utiliza os sons dos pés para criar música, enquanto incorpora os movimentos ritmados de braços e pernas. A maioria das outras formas de dança é limitada à apreensão visual da ação expressiva. A interação do movimento visual com os sons emitidos pelo deslocamento dos pés torna o sapateado uma forma de expressão única, divertida, barulhenta e rítmica.

Definição

Sapateado é uma forma de arte expressiva que usa a linguagem do som e do movimento. No momento que você calça seus sapatos de dança pela primeira vez, o sapateado oferece um meio de expressar os ritmos que já estavam internamente em você muito antes de nascer. Depois do nascimento, você explorou o mundo por meio do toque e do movimento, que, somados aos seus ritmos intrínsecos, lhe garantem a habilidade de dançar.

Para amplificar os sons, os sapatos de sapateado são equipados com placas de metal que podem ser manipuladas usando uma combinação de movimentos de calcanhar, ponta do pé, deslizamento, saltos e pulos para criar uma variedade de sons percussivos. Esses ritmos percussivos podem aparecer sozinhos ou ser combinados com música. Manejar esses sons com eficiência e criar diversos padrões rítmicos são as características que definem o sapateado. O entusiasmo e o desafio da dança estão na complexidade, no rápido andamento, no som sincopado e na *performance* expressiva. Outras formas de dança focam na posição corporal e nos movimentos; o sapateado acrescenta não apenas a sequência de movimentos, mas também a capacidade de coordená-los com os sons.

Existem diferentes estilos de sapateado, como a cadência suave e graciosa do *soft-shoe*, o estilo ágil do *buck-and-wing*, o *swing* acrobático característico dos Nicholas Brothers e os *stomps* e *stamps* da percussão rítmica conhecida como *hoofing*.

Benefícios do estudo do sapateado

Por que estudar sapateado? Você poderia fazer a mesma pergunta sobre aprender uma língua estrangeira ou um instrumento musical. O sapateado é uma forma de se expressar. Equilíbrio, graça, expressão criativa e gosto pelas artes são apenas algumas poucas razões para estudá-lo. A dança, em geral, traz vários benefícios à saúde, como aumentar a **flexibilidade**, a força muscular e a resistência, melhorar a consciência espacial, o equilíbrio e o gasto energético – que pode reduzir o excesso de peso (Alpert, 2011). Dançar também aprimora a saúde mental porque eleva os níveis de endorfinas, o que alivia o estresse, reduz a ansiedade e a depressão e trabalha o autoconhecimento e a autoestima (Vetter, Myllykangas, Donorfio e Foose, 2011). O sapateado faz parte da história. Quando se estuda como ele evoluiu ao longo do tempo, surge o interesse pela história e pela tradição da dança de diferentes culturas.

Talvez você tenha experimentado outros tipos de dança antes do sapateado. Independentemente de ter se dado bem ou não em outros estilos, você pode sapatear. Na verdade, qualquer pessoa pode. Talvez você não tenha percebido, mas já executou passos de sapateado, como *shuffles*, *taps*, *heels* e *toes*, ouvindo música e cantando. É possível aprender sapateado em qualquer idade e com qualquer nível de habilidade. Depois de aprender alguns passos básicos, você pode criar suas próprias variações e combinações de padrões e ritmos. É tão simples quanto bater a ponta dos pés e atravessar a rua pulando.

Noções básicas

O objetivo principal de uma aula inicial de sapateado é aprender a dançar. Assim, ela não exige experiência prévia e é estruturada de maneira diferente de outros temas acadêmicos, como literatura, química ou estudos sociais. O professor apresenta os exercícios e combinações do dia e, então, o aluno responde reproduzindo o movimento com música, percussão ou qualquer outro objeto que crie uma batida. Participar das aulas proporciona prática física e conhecimento intelectual a partir dos quais se desenvolve a técnica e a compreensão do sapateado como uma forma de arte.

> **Você sabia?**
>
> Participar de atividades artísticas e culturais, ativamente ou como observador, está relacionado a níveis mais altos de bem-estar e saúde física e emocional (Cuypers, 2011).

Se você já fez algum curso de sapateado antes, talvez precise realizar uma aula de classificação, para que os professores determinem seu nível, ou para conversar com o professor sobre sua experiência anterior. Deve-se ter em mente que o sapateado básico é focado nos fundamentos da dança, e pode incluir passos que você já aprendeu. No entanto, se quiser rever os fundamentos para renovar sua memória de movimentos ou simplesmente porque gosta de praticar os ensinamentos básicos, a aula para iniciantes pode ser a escolha certa para você. Independentemente do seu nível, participar das aulas regularmente ajuda a aperfeiçoar sua técnica e a desenvolver sua arte.

Fazer aula de sapateado é uma ótima maneira de trabalhar o corpo e a mente.

Ambiente

Dependendo de onde acontecem suas aulas, elas podem ser em uma sala multiuso ou em um estúdio de dança próprio. Pode ser uma sala relativamente grande, com **barras** de metal ou madeira que podem ser fixas nas paredes ou portáteis, de modo que fiquem em pé sozinhas. As paredes da sala devem ser forradas com espelhos, o que pode ser intimidador para alguns bailarinos iniciantes. Mais tarde, você passa a gostar dos espelhos, que se tornam muito úteis para aluno e professor checarem a postura e o alinhamento. Estúdios de dança geralmente possuem piso de madeira, que cedem ao saltar e aterrissar. Algumas aulas acontecem em academias e auditórios sem barras ou espelhos.

O papel do professor

O professor tem muitas responsabilidades, como ensinar os principais benefícios da dança, comunicar seus propósitos, definir o programa do curso, criar as dependências do estúdio, escolher a música, preparar as aulas, estabelecer metas para os alunos, realizar avaliações, entender os estilos de aprendizado, dar dicas ou exemplos e ensinar alunos com necessidades especiais. O maior desafio para qualquer professor é equilibrar a limitação de tempo com os objetivos de aula e os estilos individuais de aprendizado de diferentes níveis técnicos. O professor está comprometido em primeiro lugar com a segurança no estúdio e a prevenção de lesões (ver o Cap. 3 para mais informações). Ele também está preocupado em ensinar a técnica correta do sapateado em um ambiente que seja divertido e acolhedor.

O papel do músico

Algumas aulas têm a sorte de contar com músicos fazendo o som ao vivo. Esses músicos conhecem o sapateado e sabem como trabalhar com bailarinos e professores desse estilo. Além de conhecimento musical, eles têm a habilidade de executar e ajustar um andamento regular, a capacidade de seguir as instruções do professor e os movimentos dos alunos e a flexibilidade de se adaptar como for necessário para atender a análise do professor. A maioria das aulas usa gravações de música com andamentos variados. Essas gravações são pré-selecionadas e organizadas em uma ordem. A maioria das combinações é praticada sem música até o ritmo alcançar o andamento correto. A maioria das seleções musicais tem uma introdução, e o professor inicia a contagem para começar.[1]

> **Você sabia?**
>
> Dança e música são artes irmãs. A música na aula de sapateado auxilia o aprendizado dos movimentos, ao mesmo tempo que enriquece a experiência na sala com a sinergia entre movimento e som.

Expectativas e comportamento do aluno em aula

Como em qualquer aula a que se vá assistir, na de sapateado existem alguns protocolos de comportamento e expectativas para que ela seja mais produtiva, segura e proporcione uma experiência agradável de aprendizado. É responsabilidade do professor apresentar a política de frequência, o código de vestuário e como funciona a avaliação (se você será avaliado). É preciso recapitular essas informações para que esteja preparado desde o início.

---

[1] N.C.T.: Trata-se do famoso "5, 6, 7 e 8".

Faz parte do protocolo de comportamento nos estúdios não conversar enquanto o professor estiver explicando a aula, não mascar chiclete e não se sentar ou deixar a sala sem permissão. Prestar atenção à aula é fundamental, já que você está ali para praticar e aprender. Outras expectativas importantes incluem executar os passos como forem ensinados e fazer o seu melhor para finalizar as coreografias, mesmo que tenha dificuldade. Se precisar de esclarecimento em qualquer combinação ou técnica, fale com o professor no momento certo, sem interromper o andamento da aula.

Preparação e prática

Você deve chegar preparado às aulas, vestindo trajes e sapatos adequados. A preparação também inclui praticar o que tiver aprendido na aula anterior. O tempo de prática durante as aulas não é suficiente para aprender efetivamente os passos do sapateado. É importante reservar pelo menos 15 minutos todos os dias para treinar passos novos e aprimorar passos e combinações que já tiver aprendido. Durante a aula, deve-se demonstrar respeito perante o professor e os colegas, não mantendo conversas paralelas com outros alunos e esperando o professor perguntar se há dúvidas. Para se preparar melhor para a aula seguinte, faça notas mentais ou escreva os passos novos a praticar, encontre parceiros para treinar depois da aula e use todos os recursos que o professor oferecer. A maioria dos professores de dança fica disponível depois da aula ou por agendamento, caso precise de mais instruções. Aproveite qualquer oportunidade para a prática extraclasse ou tempo para ensaio. Assistir a vídeos com os passos pode ajudar bastante durante o aprendizado.

Durante a aula, deve-se permanecer em silêncio e prestar atenção enquanto o professor ensina um passo. Guarde suas perguntas para o final da demonstração.

Onde se posicionar

O professor pode designar lugares para você se posicionar. Se isso não acontecer, certifique-se de ter bastante espaço para se movimentar. Deve-se ter certeza de que consegue ver o professor o tempo todo e lembrar-se de que ele geralmente alterna as posições para que todos os alunos tenham oportunidade de ficar na fileira da frente. Não passe para a fileira de trás a menos que o professor oriente para isso. A intenção dele é observar sua habilidade a fim de determinar o ritmo da aula.

Assiduidade

Perder aulas significa perder oportunidades de aprender, o que deixa você para trás no desenvolvimento da técnica. Isso pode demonstrar que você não leva a sério o professor ou a aula. Se tiver que faltar à aula, entre em contato com o professor para saber o que perdeu e ver como pode compensar o tempo de prática.

Pontualidade

Algumas atitudes mostram desrespeito com a aula, os colegas e o professor. Chegar atrasado é uma delas. Você deve estar no local da aula pelo menos 10 minutos mais cedo, para se preparar mental e fisicamente para ela. O professor pode passar algumas atividades de preaquecimento para ajudar na preparação.

Trajes adequados

O traje adequado é obrigatório. Obedecer ao código de vestuário permite que o professor veja seus movimentos e faça correções. É, ainda, uma demonstração de respeito e de que você se importa com a aula e a arte. Mantenha o cabelo preso para trás e não use nenhum acessório ou jóia. O sapateado trabalha movimentos explosivos, por isso é importante usar roupas de baixo que ofereçam sustentação. Se não tiver certeza sobre o que vestir, cheque o programa do curso ou o código de vestuário. Cuidar da higiene pessoal também é uma demonstração de respeito. Assim como usar roupas limpas e evitar perfumes, colônias ou cremes de cheiro forte. Nunca use seus sapatos de sapateado no asfalto ou no concreto, pois isso pode danificá-los. Verifique os parafusos dos seus sapatos antes de cada aula, para garantir que não vão avariar o piso de madeira.

Estrutura da aula

A estrutura de cada aula é única, pois depende do professor. Apresenta-se a seguir um exemplo de como uma aula de sapateado para iniciantes pode ser organizada.

Preaquecimento

Muitos professores esperam que os alunos realizem um **preaquecimento** antes de a aula começar. É uma forma de preparar a mente e o corpo. Alguns desses exercícios incluem rotações lentas de tornozelos, extensão e flexão dos pés, alongamentos, rotações de quadris e ombros e giros suaves do pescoço. Se os alunos tiverem histórico de lesões, podem precisar dar atenção especial à preparação de determinados músculos ou articulações. O professor pode ajudar a definir quais exercícios funcionam melhor para as suas necessidades.

Aquecimento

O aquecimento tem o objetivo de elevar a temperatura corporal e preparar o corpo para o trabalho mais vigoroso. Os professores utilizam exercícios de deslocamento na diagonal, em pé na barra, no **centro** da sala ou uma combinação de todos eles. Esses exercícios podem incluir *nerve taps*, que são realizadas batendo no chão o mais rápido possível com a parte da frente do pé, para aquecer o tornozelo e a frente da parte inferior da perna. Um outro aquecimento seria executar passos básicos de sapateado, como *toe-heels*, *heel-toes* ou *flaps* com deslocamento pela sala. À medida que o aquecimento avança, o professor pode pedir que acrescente *hops*, *leaps* e *jumps* enquanto realiza os básicos *toe-heels*, *heel-toes*, *flaps* e *shuffles*.

O aquecimento é um ótimo momento para revisar passos básicos necessários para combinações mais complexas. Alguns professores incluem alongamento, **exercícios isolados** e movimentos locomotores no aquecimento. Embora um alongamento leve seja recomendado antes do trabalho mais puxado, **exercícios de flexibilidade** devem ser executados no fim da aula (ver a seção *Relaxamento*, mais adiante). Alongamentos leves podem incluir movimentos de ponta e flexão do pé, elevações de calcanhar se equilibrando na parte da frente do pé ou elevações da parte da frente do pé se equilibrando no calcanhar. Exercícios isolados têm como objetivo isolar partes específicas do corpo e podem ser benéficos para desenvolver **consciência corporal**, controle e **coordenação**. Eles podem começar pelos pés e irem até a cabeça ou vice-versa. Esses movimentos podem ser parte do aquecimento ou do treinamento no centro da sala. Um exemplo de exercício isolado é mover a caixa torácica de um lado para o outro, mantendo os ombros e os quadris imóveis.

Movimentos na diagonal

O professor pode fazer você realizar passos básicos de sapateado com movimentos de locomoção pela sala. Esses passos são executados com parceiros ou em pequenos grupos diagonalmente pela sala. É preciso se comportar corretamente ao realizar esses exercícios: preparar-se para começar com seu grupo assim que o professor iniciar a contagem, não interromper a *performance* no meio e, quando tiver completado os passos, andar até o fim da fila.

Trabalho de técnica

O professor pode escolher trabalhar a parte **técnica** no início da aula, antes de o aluno se cansar demais. O trabalho de técnica pode incluir passos mais difíceis, passos novos a serem acrescentados a uma combinação ou passos avaliados por um teste de habilidade. O professor pode utilizar o método de ensino *ver, ouvir, movimentar-se*. Nele, o professor demonstra o passo e incentiva o aluno a visualizá-lo (ver) como um todo, depois divide o passo em partes simples. Em seguida, o professor se concentra no som do passo e lhe faz escutar (ouvir) cada componente rítmico. Ele dá um tempo para você trabalhar em grupos, pares ou individualmente e praticar a execução (movimentar-se) do passo. Alguns professores usam o método de ensino *interativo*.[2] Nele, o professor produz um ritmo batendo palma, batendo o pé no chão ou cantando e pede que o aluno repita o mesmo ritmo.

---

[2] N.C.T.: Também chamado de "cantar o sapateado".

Quando se está aprendendo um novo passo, a repetição é fundamental. Às vezes, os alunos não têm tempo suficiente para aprender o passo ou têm tempo demais e ficam frustrados. Caso precise de ajuda ou não saiba como usar o tempo de maneira eficiente, peça auxílio ao professor. Fazer perguntas ajuda a desenvolver habilidades e receber instruções individuais. Cada aluno aprende os passos de dança de forma diferente – esse é o grande desafio que o professor tem de enfrentar. Pode ser que você aprenda mais efetivamente quando o professor cantarola as sílabas ou imita um instrumento enquanto você dança ou faz a contagem. Pode ser que se saia melhor quando aprende primeiro o movimento dos pés e depois o ritmo, ou vice-versa. Não há jeito perfeito ou correto de aprender passos novos; existe aquele que funciona para você.

Combinações, danças e rotinas

Uma **combinação** no sapateado é uma frase de movimentos, que consiste em vários passos (Kassing e Jay, 2003). Uma **dança** ou **rotina** de dança é uma série mais longa e completa de movimentos, que consiste em diversas combinações e geralmente dura entre 2 e 4 minutos. Essa é a parte divertida da aula, na qual você pode exibir o que sabe. Passos aprendidos no treino técnico, combinados com outros elementos de dança, demonstram sua técnica, coordenação e estilo.

Ao ensinar combinações, o professor pode usar o método *Eu faço, nós fazemos, você faz*. Ele demonstra várias vezes alguns padrões curtos de movimentos (eu faço). Depois, a turma repete os padrões junto com o professor (nós fazemos). Por fim, os alunos realizam os movimentos sem o professor, seja todos juntos, seja em grupos ou individualmente (você faz).

A técnica correta é importante, mas os alunos devem ser incentivados a desenvolver uma noção de estilo individual. É preciso observar com atenção cada passo complicado, ritmo, **fluxo**, posição corporal e o estilo da *performance*. A melhor maneira de aprender a combinação, na verdade, é realizando os passos. Entretanto, é possível **marcar** a combinação repetindo-a rapidamente ou repassando mentalmente cada passo, como uma forma de praticar com ou sem a música.

Relaxamento

Talvez você se surpreenda ao descobrir que o sapateado é exaustivo para o corpo. Trata-se de uma atividade de alto impacto e alta intensidade, por isso é recomendável fazer alongamento e relaxamento adequados. O relaxamento é o inverso do aquecimento: ele abaixa a temperatura corporal e previne o acúmulo de sangue nas pernas, o que pode levar a tontura e desmaio. Um relaxamento pode consistir em uma simples caminhada pela sala, em fazer *shuffles* leves ou *heel-toes*. É possível realizar um alongamento suave no início da aula junto com o aquecimento, mas exercícios de flexibilidade são recomendados depois do treino de sapateado. A temperatura corporal elevada ajuda a aumentar a amplitude de movimento das articulações e o alongamento auxilia os músculos fadigados no restabelecimento de seu comprimento normal, além de reduzir dores e espasmos.

Para melhorar a flexibilidade, deve-se fazer alongamentos estáticos de cada grande músculo por 10 a 30 segundos, até sentir desconforto moderado, para dar a ele tempo de relaxar e se estender. Exercícios de flexibilidade podem incluir ficar sentado e tocar os dedos dos pés com os joelhos estendidos (alongamento dos isquiotibiais), ficar em um pé só enquanto segura o outro atrás do corpo (alongamento do quadríceps) e flexões laterais e frontais, a fim de alongar a cintura e a região lombar. O professor pode usar o tempo do alongamento para recapitular os objetivos ou metas principais da aula, passar alguma tarefa ou responder perguntas. Algumas aulas de dança tradicionais terminam com o professor agradecendo aos alunos (e músico, se houver um) e se inclinando para a frente, enquanto os alunos aplaudem.

Processo de aprendizado

Aprender qualquer habilidade nova é um processo e, por isso, leva tempo. Bater em uma bola de tênis, patinar ou executar o passo *shuffle-ball-change*; todos requerem habilidades motoras. Uma habilidade motora é uma sequência aprendida de movimentos, comandada pelo córtex motor do cérebro (Brashers-Krug, Shadmehr e Bizzi, 1996). Quando se aprende uma técnica de sapateado, é necessário decupar cada pequeno movimento ou som daquele passo. Essa é a chamada *fase cognitiva* do aprendizado (Meyer, Qi, Stanford e Constantinidis, 2011). Quando você determina o modo mais eficiente de executar o passo com *feedback* apropriado, chegou à *fase associativa* do aprendizado. Durante essa etapa, você aprimora o passo e treina os músculos para lembrarem como realizar o movimento.

Com o tempo de prática correta de um passo, ele passa a exigir pouco raciocínio e se torna automático. Essa é a *fase autônoma*, mais conhecida como aprendizado motor ou memória muscular. A memória muscular de longo prazo existe quando uma habilidade é repetida até o ponto de poder ser colocada em prática sem pensamento consciente. Quando se inicia o aprendizado do sapateado, o aluno já possui as habilidades necessárias para executar os passos. A maioria dos passos de sapateado exige habilidades locomotoras básicas, como andar, correr, pular, saltar e galopar. Outras aptidões necessárias para sapatear são equilíbrio, agilidade, ritmo, força, coordenação e flexibilidade. Aprender sapateado é um processo que se constrói a partir de habilidades já desenvolvidas. Compreender como o corpo aprende passos de sapateado pode prepará-lo melhor para desenvolver essas capacidades com menos frustração e mais sucesso.

Sapatear nem sempre é uma ação natural com os pés. Para entender esse conceito, deve-se ficar em pé e caminhar. É importante perceber que o movimento natural do pé é do calcanhar para a ponta, de trás para a frente. Se tentar andar da ponta do pé para o calcanhar, de frente para trás, verá que não é natural. É necessário fazer um esforço consciente para saber como realizar esse passo. No entanto, com a prática, o cérebro guardará a informação na memória e em pouco tempo a ação parecerá natural. Quando entrar em sua primeira aula de sapateado, lembre-se de que terá que reeducar seu corpo para se mover de uma maneira diferente. A velocidade em que aprenderá esses novos movimentos vai depender de quanto tempo tiver para praticá-los, quanto está habituado a aprender novos movimentos e quanto estará focado na aula. Pode ser que capte tudo rapidamente e passe a ajudar os colegas de classe, ou talvez precise de mais prática até dominar os movimentos. De qualquer forma, se tiver disposição e paciência, aprenderá a sapatear.

> **Atividade**
>
> **Assista e compare**
>
> Procure o filme *Melodia da Broadway*, de 1940, em que o estilo suave, simples e altamente rítmico do trabalho de pés de Fred Astaire e Eleanor Powell aperfeiçoou a maneira elegante e ritmada do sapateado. Compare o estilo deles com o de Savion Glover no moderno *Happy feet – O pinguim*, em que o jeito leve e delicado de dançar na ponta dos pés foi transformado em uma técnica pesada, com batidas de calcanhar, parecida com o *hoofing*.

O sapateado como arte performática

Ao mesmo tempo que o sapateado é uma atividade fisicamente desafiadora e, portanto, um excelente exercício, também é uma forma de arte. Ele combina todas as culturas que formam os Estados Unidos. A maior parte do sapateado que vemos hoje foi inventada nos anos 1800 e aperfeiçoada nas décadas de 1930 e 1940. Assim como os sapateadores de hoje, os primeiros bailarinos misturavam o sapateado com outras formas de dança. E, assim como outros estilos de dança, o sapateado é limitado apenas pela criatividade do bailarino, de modo que continua evoluindo. Ao analisar o panorama histórico do sapateado é possível notar como os bailarinos o usaram como um modo de comunicação e reflexão sobre a sociedade em que viviam, bem como analisar os estímulos sensoriais suscitados pela beleza dessa dança, que envolvem vários processos cerebrais.

Independentemente de estar iniciando no sapateado ou se formando em dança, o aluno pode se beneficiar indo a concertos de dança, assistindo a musicais ou vendo filmes que têm como foco o sapateado. Isso ajuda a apreciar sua beleza e a se empenhar para aprimorar seu estilo. Também o auxilia a decidir seu estilo preferido, como pode recriá-lo e de que maneira comunicá-lo em uma aula de dança ou uma conversa informal.

Resumo

O sapateado é uma parte viva de quem o pratica e está em constante evolução. Ao escolher essa forma de arte, você está em ótima companhia. Alguns dos melhores bailarinos de todos os tempos, ao colocar os sapatos de sapateado pela primeira vez, começaram a entender como era *falar* com os pés. Você pode ou não se tornar uma estrela da dança, mas uma coisa é certa: aprender a sapatear enriquecerá sua vida.

2
Preparação para a aula

No musical da Broadway *A chorus line*, o personagem Mike fala sobre suas experiências de quando era criança e assistia à irmã sapatear. Na música, ele canta "Eu sei fazer isso". Até que um dia ele pega os sapatos de sapateado da irmã e os recheia com meias, porque os pés dele são pequenos demais. Quando chega à aula de dança, ele prova que sabe fazer aquilo. Mike fez sucesso na dança, mas todo grande bailarino de sapateado tem um primeiro dia de aula.

Neste capítulo, você aprenderá sobre os trajes adequados para a aula de sapateado e como escolher os sapatos certos para se preparar para sapatear. O cuidado com os pés e a higiene pessoal também são componentes importantes da sua preparação para a aula. Este capítulo descreve fatores de condicionamento físico, como resistência cardiorrespiratória, força e resistência muscular, flexibilidade e composição corporal; além de aptidões físicas, como agilidade, equilíbrio, coordenação, potência, tempo de reação e velocidade. A preparação mente-corpo também será abordada, incluindo elementos como noção espacial, padrões de movimento e percepção cinestésica.

Trajes para a aula

Na maioria das aulas de sapateado, os alunos têm liberdade para escolher o que vão vestir. No entanto, alguns professores têm um código de vestuário. Portanto, informe-se antes da sua primeira aula. O sapateado é uma atividade de alto impacto, por isso roupas de baixo com sustentação são altamente recomendadas tanto para homens como para mulheres. As mulheres podem encontrar sutiãs esportivos ou apropriados para a dança em diversas lojas de artigos para esportes. Os homens devem usar suportes masculinos. Parecidos com os cintos de proteção para prática de esportes, eles são desenvolvidos especialmente para a dança e protegem a genitália masculina, além de eliminar marcas sob calças justas.

Os alunos geralmente usam calça de *jazz*, ioga ou moletom e camiseta nas aulas de sapateado. Alguns estúdios, entretanto, exigem o uso de *collant* e meia-calça. Independentemente do que vestir, certifique-se do ajuste, da sustentação, do conforto e da liberdade de movimento. *Jeans* e outras roupas feitas com tecidos mais rígidos nunca são indicadas e podem restringir os movimentos. Antes da aula, remova quaisquer joias a fim de garantir sua segurança, assim como a segurança das peças e dos outros bailarinos. Ainda por motivo de segurança, prenda o cabelo para trás e mantenha-o longe do rosto, ainda que ele seja curto.

Estes alunos estão vestidos adequadamente para a aula, com roupas confortáveis e ajustadas ao corpo, sapatos próprios para sapateado e cabelo preso.

Cuidados com os pés e higiene pessoal

As aulas de sapateado exigem bastante dos pés, por isso os bailarinos precisam dedicar cuidados específicos a eles. Mantenha-os sempre limpos e macios. Se houver calosidades ou pontos ásperos, coloque os pés de molho e use com frequência um creme de massagem próprio, a fim de ajudar a amaciar a pele. Mantenha as unhas dos pés aparadas no comprimento certo – nem longas nem curtas demais, para evitar que encravem e causem desconforto. Quando for apará-las, corte-as retas, sem arredondar os cantos.

Assim como em qualquer atividade física, ter uma boa higiene pessoal é obrigatório. Use sempre desodorante. Se possível, sempre tome banho depois da aula e carregue uma toalha na bolsa de dança. Tomar um banho quente não apenas limpa o corpo, mas refresca e alivia dores decorrentes da atividade intensa. Se não for possível, vista roupas limpas e secas após a aula para evitar assaduras e mau cheiro.

Transporte dos equipamentos de dança

Use uma bolsa para carregar suas roupas, sapatos e outros itens necessários para a aula e depois dela. É possível encontrar modelos desenhados especialmente para levar equipamentos de dança em lojas de artigos específicos, mas malas de academia também servem. A bolsa pode ficar pesada se carregar objetos que raramente ou nunca usa. Por isso, selecione com atenção o que vai precisar antes e depois da aula. Alguns itens que devem ser incluídos são:

- Toalha para enxugar o suor.
- Desodorante.
- Curativo adesivo.
- Cortador ou tesoura de unhas.
- Alfinetes.
- Fivelas e elásticos de cabelo, grampos, rede e faixa de cabelo.
- Uma sacola separada para roupas molhadas ou usadas.
- Itens de cuidados pessoais e uma toalha extra, caso planeje tomar banho após a aula.
- Garrafa de água e um lanche leve para depois da aula.

Após a aula, é fácil jogar as roupas e os sapatos de dança usados na bolsa, fechá-la e ir embora. Se sua aula for de manhã ou o tempo estiver quente, separe as peças úmidas dos sapatos e outros itens dentro da bolsa. Antes de arrumar as coisas para a aula seguinte, retire as roupas úmidas, coloque os sapatos para arejar e deixe a bolsa aberta.

Escolha dos sapatos

Bailarinos de sapateado usam sapatos específicos, equipados com placas de metal, chamadas *taps*,[1] fixas em diferentes estilos de sapatos (ver Fig. 2.1). Embora esses sapatos sejam caros, são recomendados para toda sua experiência de sapateado. Considere

---

[1] N.C.T.: Também conhecidas como "chapinhas".

que irá pagar de 35 a 100 dólares,[2] ou mais, por um par de sapatos de dança. O primeiro par não deve ser muito caro, pois tem caráter de experiência até que você decida o que realmente precisa. Converse com o professor, com outros bailarinos e com profissionais que entendem desses sapatos antes de fazer sua compra.

Vários alunos já tentaram colar placas de metal em sapatos comuns e até em tênis, mas não há como substituir um bom par de sapatos para sapateado ou um bom profissional que possa fixar essas placas em seus sapatos do dia a dia.

> **Você sabia?**
>
> É possível comprar sapatos de sapateado em lojas de artigos de dança ou *on-line*. Se estiver comprando seu primeiro par, o ideal é prová-lo antes, para se certificar do tamanho. Quando for experimentar os sapatos, vista o mesmo tipo de meia que vai usar na aula, prática ou apresentação, e não deixe de caminhar, alongar e executar alguns passos de sapateado.

Os sapatos de sapateado são feitos de couro, lona, plástico e até no estilo tênis. As solas, que podem ser de couro ou camurça, podem ser divididas ou inteiras e, assim, garantir flexibilidade e sustentação total. Os sapatos masculinos geralmente são do tipo *oxford black-tie*, enquanto os femininos variam entre *oxford*, boneca ou de salto com duas cores. Diversos fabricantes desses sapatos estão no mercado há muitos anos. Capezio, Bloch, Leo e Giordano[3] são os mais conhecidos.

O professor pode especificar o tipo de sapato que o aluno deve adquirir. Nem todos são iguais. Os de sola dividida[4] podem ser bem confortáveis, mas dificultar a execução de alguns giros na ponta do pé em razão da falta de apoio no arco do pé. Os sapatos parecidos com tênis são resistentes, mas pesados e volumosos, o que pode se tornar um problema ao realizar passos curtos e rápidos. A maioria dos professores ensina as diferenças entre os estilos de sapato. Conhecer cada tipo vai ajudá-lo a eleger o sapato certo.

Figura 2.1 Vários estilos de sapatos de sapateado.

---

[2] N.C.T.: No Brasil, um sapato de nível estudante custa em torno de R$ 150,00, e um sapato de nível profissional em torno de R$ 300,00.

[3] N.C.T.: No Brasil, as marcas mais conhecidas são a Capezio e a Só Dança.

[4] N.C.T: Por terem a sola flexível, esses sapatos são utilizados em *jazz tap*, mas não são ideais para aulas regulares.

Na hora de comprar sapatos para sapatear, o som que eles produzem é tão importante quanto a aparência e o conforto. Existem vários tipos de placas de metal. As mais conhecidas são da Capezio: teletone, duotone e supertone (Fig. 2.2). Entre essas, a Capezio teletone, que possui três parafusos tanto na parte da frente do pé quanto no calcanhar, é a mais usada. Bloch, Leo e Danskin são outras empresas que fornecem placas para sapatos. Alguns sapateadores preferem colar as placas nos sapatos em vez de usar parafusos. Cada bailarino tem seu estilo favorito e a sugestão é pesquisar o maior número de marcas possível antes de definir qual placa é melhor. Pode ser que o professor exija determinada marca ou estilo. Cada uma produz um som distinto, que pode ser ajustado ao apertar ou afrouxar os parafusos da placa.

Conforto e ajuste são importantes, e o número dos seus sapatos de sapateado pode ser diferente do de seus sapatos comuns para andar na rua. O melhor é escolher um número que fique justo no pé, porque vai lacear. Se o tamanho não for correto, o som das batidas não será claro.

Figura 2.2 Solas de sapatos de sapateado: teletone (à esquerda), duotone (no centro) e supertone (à direita).

Preparação mental e física

Vestir-se para aula ajuda a ganhar a aparência de um bailarino, mas é apenas parte da preparação para a aula de dança. Também é preciso se preparar mental e fisicamente. Para ter tempo suficiente de preparar o corpo e a mente para a aula, adquira o hábito de chegar cedo ao estúdio.

Preparação mental

Estar mentalmente preparado para a aula é tão importante quanto ter a roupa e os sapatos certos, principalmente se for sua primeira aula de dança. Entender as expectativas, a estrutura da aula e como é o seu aprendizado pode tornar o ambiente menos estressante. Sempre que você aprende algo novo, cria estresse na vida. Esse é considerado um estresse positivo, ou *eustress*, e é necessário para desenvolver técnicas novas e aprimorar o desempenho. Entretanto, sua abordagem pessoal e sua percepção dessa experiência de aprendizado podem se tornar uma experiência negativa se o ambiente não for condizente com seu estilo de aprendizado. Aprende-se melhor quando um passo inteiro é apresentado e, depois, separado em partes menores ou quando pedaços pequenos são introduzidos aos poucos? Aprende-se melhor quando as informações são apresentadas mostrando os passos de maneira auditiva, visual ou tátil/cinestésica? Seja como for, é necessário compartilhar com o professor o tipo de ensino que prefere, para que ele possa oferecer o ambiente de ensino mais eficiente.

Psicólogos do esporte recomendam usar visualizações como forma de melhorar a qualidade das sessões de treinamento (Jeannerod, 1994). É possível recorrer a visualizações para ensaiar mentalmente os passos de sapateado, ou imaginá-los, antes de executá-los e, assim, melhorar significativamente a qualidade do seu treino. Quando você pratica na sua cabeça, observa os detalhes das sensações, como o contato dos seus pés com os sapatos ao tocar o chão, o som das batidas, as vibrações do ritmo nos pés e até o cheiro do estúdio. Pode imaginar a si mesmo dentro do seu corpo, não de uma posição distante ou como espectador. Praticar, assistindo a vídeos ou bailarinos profissionais realizando os passos, observar sua própria *performance* em vídeos e usar visualizações mentais melhorará sua técnica significativamente.

O nível de estresse afeta o desempenho e a capacidade de aprendizado. Estresse de menos causa tédio, e muito estresse leva a falta de foco e mais frustração. É possível monitorar o grau de tensão fazendo reflexões ou um diário de aula. Se perceber que a estrutura ou as expectativas estão causando estresse, converse sobre isso com alguém e busque uma das diversas técnicas de gerenciamento do estresse disponíveis, como relaxamento, controle da respiração, ioga, relaxamento muscular progressivo, relaxamento por visualizações mentais e pensamento positivo.

Atividade

Avalie sua postura

Desenvolver uma boa postura leva a movimentos eficientes e hábitos de vida saudáveis. Para estabelecer e manter bons hábitos de postura, pense na sua e faça uma autoavaliação em sua rotina diária. Verifique como se posiciona em pé, parado e caminhando, em horários diferentes do dia e em diversas situações. Fazer de três a cinco avaliações por dia serve como alerta e lembrete para pensar em sua postura quando estiver parado ou em movimento.

Preparação física

O sapateado é uma atividade física maravilhosa que melhora o condicionamento. O preparo físico pode estar relacionado a aptidões ou à saúde. Os **componentes de condicionamento relacionados à saúde** são resistência cardiorrespiratória (aeróbica), força e resistência muscular, flexibilidade e composição corporal. Os **componentes de condicionamento relacionados à aptidão** consistem em coordenação, agilidade, equilíbrio, potência, tempo de reação e velocidade.

Resistência cardiorrespiratória

É a capacidade de pulmões, coração e vasos sanguíneos de levar oxigênio a todas as células do corpo. É um dos componentes de condicionamento físico mais importantes e o melhor indicador da saúde geral. Exercícios de **resistência cardiorrespiratória**, ou aeróbicos, incluem caminhada, corrida e natação, feitos em baixa intensidade e longa duração. O sapateado não é considerado uma atividade aeróbica porque a maioria das coreografias tem alta intensidade e duração menor (p. ex., 3 minutos).

Resistência e força musculares

Força muscular é a habilidade do músculo de exercer força máxima contra uma resistência, enquanto **resistência muscular** é a capacidade de manter essa força durante certo tempo. O sapateado melhora a resistência muscular ao obrigar os músculos a fazerem contrações repetidas. Também incrementa o tônus muscular, a força nos tendões e ligamentos e a densidade óssea, que melhoram a capacidade física individual.

Flexibilidade

É a habilidade da articulação de se mover livremente por toda a amplitude do movimento. Flexibilidade é importante no sapateado, portanto sapateadores têm de incluir no treino exercícios para esse fim. Os músculos têm propriedades elásticas e respondem ao alongamento com uma distensão temporária. Embora cápsulas articulares, ligamentos e tendões não sejam elásticos, podem esticar permanentemente e aumentar sua amplitude de movimento, desde que com o alongamento adequado. Manter uma amplitude de movimento das articulações adequada pode melhorar a qualidade de vida e a técnica de sapateado. Use sempre métodos corretos quando for alongar qualquer músculo, para não estendê-lo demais a ponto de provocar uma lesão.

Composição corporal

São músculos, gordura, ossos e outros tecidos que constituem o peso de uma pessoa. No passado, médicos e treinadores usavam tabelas com a relação altura-peso para definir o peso recomendado para ter uma saúde perfeita. No entanto, estipular quanto do peso corporal total é composto de gordura pode oferecer uma meta mais saudável e realista. A composição corporal pode ser avaliada por meio de pesagem hidrostática ou submersa, medida de dobra cutânea e circunferências, bioimpedância elétrica e deslocamento de ar. Procure orientação de um profissional para descobrir sua composição corporal.

Habilidades de condicionamento

O sapateado exige bom desempenho motor. No entanto, com a prática, essas habilidades podem ser incrementadas.

Agilidade – habilidade de mudar a posição e a direção do corpo.
Coordenação – integração dos sistemas nervoso e muscular para realizar movimentos corporais harmônicos.
Equilíbrio – capacidade de manter o corpo em estabilidade adequada.
Potência – habilidade de produzir força máxima em um curto período de tempo.
Tempo de reação – tempo necessário para iniciar a resposta a um estímulo.
Velocidade – capacidade de impulsionar o corpo de um lugar a outro.

Preparação mente-corpo

Na aula de sapateado o foco é realizar fisicamente as sequências de movimentos enquanto aplica a técnica correta. Quando pratica coordenar os múltiplos elementos no tempo da música, se envolve em um processo de autoanálise interna e externa. Portanto, seu corpo e sua mente devem trabalhar juntos, como uma unidade.

Noção espacial

Como bailarino iniciante, você precisa desenvolver **noção espacial**, para saber onde seu corpo e cada parte dele se encontram no espaço. As direções no sapateado vão além de simplesmente para a frente, para os lados e para trás. As posições de braços e pernas têm relação direta com as outras partes do corpo, e o corpo inteiro tem relação com o espaço em torno dele. Essas relações mudam à medida que você se desloca, então, é preciso desenvolver uma noção espacial aguçada, que contribui para sua consciência de alinhamento corporal, um conceito-chave no sapateado.

Padrões de movimento

Quando você examina os movimentos durante a aula, consegue reconhecer neles um padrão. Essa atenção ajuda a memorizar as sequências de movimentos. Um movimento ou passo pode incluir várias partes. Quando observar o professor demonstrando uma sequência, primeiro veja o corpo como um todo e, depois, foque nas partes que estão se movendo ou imóveis.

Percepção cinestésica

Na dança, como nas outras artes, usa-se os cinco sentidos. No entanto, o foco geralmente muda de um sentido para outro. **Percepção cinestésica** é definida como percepção de músculos, articulações e ossos.

Como bailarino principiante, a compreensão visual de um movimento específico é fundamental; é o que o ajuda a repetir aquele movimento com o seu corpo. Em seguida, sua audição é acionada quando você reproduz o movimento dentro do tempo e da música. Desenvolver uma sensibilidade para as partes do seu corpo e a relação de cada uma com as outras é essencial para a percepção cinestésica. À medida que se adquire experiência na dança, desenvolve-se essa noção de posicionamento corpo-articular. Para evoluir como bailarino, é necessário aprender a transferir a percepção visual da posição ou movimento correto para uma percepção interna que permite saber o que é correto. Esses níveis de aprendizado levam tempo, portanto, deve-se ter paciência e conhecer sua curva particular de aprendizado de movimento.

Resumo

Este capítulo ofereceu informações de como se preparar para sua experiência na aula de sapateado. Falamos do que vestir para a aula, incluindo como escolher roupas e sapatos adequados e cuidar dos pés e da higiene pessoal. Os conceitos de preaquecimento, aquecimento, alongamento, exercícios isolados e técnicas de aula foram introduzidos. O sapateado é física e mentalmente desafiador e oferece o benefício de promover bem-estar, por isso a preparação física e mental também foi abordada.

Entender seu papel como aluno e se comprometer com a preparação para as aulas, a prática física e mental e a comunicação eficiente com o professor pode enriquecer seu aprendizado e tornar sua experiência de sapateado mais divertida e gratificante.

3
Segurança e saúde

O sapateado é, de maneira geral, uma atividade divertida e segura. No entanto, assim como qualquer atividade física, pode provocar lesões. Conhecer as medidas de segurança relacionadas aos movimentos básicos, à nutrição e à anatomia pode ajudar a prevenir muitas dessas lesões.

Este capítulo examina a segurança no estúdio de dança, incluindo como criar o ambiente ideal para minimizar o estresse em músculos e articulações e manter o espaço livre de obstáculos que possam causar lesões. Também são abordadas a anatomia básica, o alinhamento correto do corpo e como ele foi desenhado para o movimento, a fim de auxiliar na prevenção de lesões. Às vezes, não há como evitá-las, por isso vamos falar de lesões comuns e técnicas simples de primeiros socorros para proporcionar uma recuperação mais rápida. Por fim, para que você saiba como abastecer seu corpo para a atividade extenuante que é o sapateado, apresentamos informações de nutrição, hidratação e descanso corretos.

Segurança no estúdio

A maior parte das aulas é ministrada em estúdios projetados para sapateado e outras acontecem em espaços compartilhados, como ginásios. Independentemente do espaço em que esteja, a segurança é fundamental. O professor é responsável pela segurança do local de dança e pode dar instruções sobre regulamentações federais, estaduais e locais relacionadas a situações de emergência e segurança.

Estúdios de dança são lugares movimentados, com um grande número de pessoas entrando e saindo entre as aulas. Para sua segurança pessoal e proteção de seus pertences, é necessário estar sempre atento ao que acontece à sua volta e nas entradas e saídas do estúdio. Conheça as rotas de evacuação do local, o vestiário e o prédio, e saiba onde deve ir em casos de emergência.

Equipamento e armazenamento

Antes da aula, certifique-se de que o espaço esteja livre de quaisquer itens que não sejam essenciais à prática. Se utilizar barras portáteis durante a aula, guarde-as juntas em um canto do estúdio, para que não atrapalhem as entradas e saídas do grupo no trabalho de centro nem os trajetos na diagonal. Se tiver permissão para levar sua bolsa de dança para a sala, não a deixe no caminho das entradas, saídas e atividades.

Climatização

A temperatura do estúdio afeta sua saúde e sua experiência como um todo. Quando um número grande de pessoas se movimenta pelo espaço, a temperatura sobe. Boa circulação de ar, ar-condicionado e ventiladores podem impedir que a atmosfera do local fique sufocante ou estagnada, evitando que os alunos passem calor.

> **Dica de segurança**
>
> Sempre faça aquecimento. Você não deve sapatear com os músculos "frios" ou contraídos. Quando os músculos do pé e do tornozelo estão rígidos, têm menos capacidade de absorver o alto impacto da atividade.

Pisos

O chão é a percussão do sapateador. Também é uma das principais preocupações de segurança. O piso ideal para sapateado é suspenso, feito de madeira sólida. A maioria dos pisos é feita de madeira colocada sobre concreto, o que pode causar tensão nos joelhos, tornozelos e coluna lombar. O professor saberá qual tipo de piso o estúdio tem e, se necessário, solicitará cautela, limitando a intensidade e o impacto contínuo. Antes de cada aula, examine seus sapatos de dança para se certificar de que parafusos e outras superfícies ásperas não estejam se soltando, o que causaria danos ao piso. Além disso, faça sua parte para manter o chão do estúdio limpo, seco e livre de obstáculos. Bolsas com livros, sapatos e outros itens devem ficar fora da sala de aula e seguros em um local em que não representem perigo de queda. Se o professor permitir comida e bebida no estúdio, mantenha-os em recipientes fechados.

Segurança pessoal

Quando faz uma aula de sapateado, você participa de uma atividade física vigorosa com outros 30 alunos que se deslocam pelo espaço, às vezes, bem depressa. Portanto, é preciso garantir sua segurança pessoal, assim como a das outras pessoas ali.

A segurança pessoal começa ao se arrumar para a aula. Isso inclui vestir roupas adequadas e calçar sapatos confortáveis (ver Cap. 2). As roupas devem ser ajustadas no corpo e os sapatos devem servir tanto no comprimento como na largura.

Como foi discutido no Capítulo 2, é bom remover joias antes de entrar na aula. Quando se movimenta, elas podem machucar você ou os outros alunos.

Se tiver cabelo comprido, prenda-o em um coque ou com uma presilha. Um rabo de cavalo ou trança pode bater em você ou nos outros bailarinos à medida que você se deslocar.

Espaço pessoal

Conhecer suas necessidades de **espaço pessoal** durante a aula é fundamental para sua segurança e aproveitamento, assim como para os de seus colegas. Seu espaço pessoal acomoda perna, braço e extensões do corpo sem invadir o espaço do seu vizinho. É a área à sua volta quando você está em pé em um ponto e quando se desloca pelo estúdio. Seu espaço pessoal tem de compartilhar a área geral do estúdio com os outros bailarinos à medida que se movimentam individualmente ou em grupos na barra, no centro e na diagonal.

Bailarinos se distribuem pelo estúdio em seu espaço pessoal para realizar a parte de centro da aula.

Informações de saúde pessoal

Informação de saúde pessoal é apenas isso – informação pessoal. Se você teve alguma lesão, cirurgia ou problema crônico de saúde que possa afetar seu desempenho físico ou a saúde dos seus colegas, não é obrigado a contar para todo mundo, mas deve dizer ao professor. A fim de preservar a privacidade, os professores normalmente incentivam os alunos a conversar com eles após a primeira aula. O professor precisa estar ciente de problemas de saúde ou doenças crônicas, como asma, diabetes ou epilepsia, para que possa estar preparado para uma eventual emergência.

> **Dica de segurança**
>
> Ao dançar com outras pessoas, tenha o hábito de conferir seu espaço pessoal antes e durante um exercício ou combinação. No centro, use a visão periférica para enxergar objetos e pessoas fora da sua linha direta de visão.

A prática regular das regras de segurança contribui para se sentir seguro e ganhar confiança. À medida que aprende a compartilhar o local com outros bailarinos e a se movimentar pelo espaço com eles, você consegue identificar e evitar situações perigosas na aula. Essa mentalidade de segurança, por sua vez, contribui para o desenvolvimento de uma atitude profissional como bailarino.

Anatomia básica

Antes de entender o movimento na dança, é preciso conhecer a estrutura e o funcionamento do corpo. Ossos, músculos, tendões e ligamentos são a base do movimento. O que vem a seguir é uma descrição breve dos sistemas esquelético e muscular.

Sistema esquelético

Assim como um automóvel, seu corpo é sustentado por uma estrutura, ou esqueleto (ver Fig. 3.1). O esqueleto humano possui 206 ossos, que auxiliam nos movimentos voluntários e protegem os órgãos vitais (Clippinger, 2007). Ele é dividido em **esqueleto axial** (eixo central vertical), que inclui o crânio, a coluna vertebral, o esterno e as costelas, e em **esqueleto apendicular**, que é composto pelos membros. Vários desses ossos são unidos para formar uma articulação. Há três tipos de articulações: fibrosas, cartilaginosas e sinoviais. Elas são classificadas de acordo com o tipo de tecido conjuntivo que as mantêm ligadas (Clippinger, 2007). **Articulações fibrosas** são firmemente unidas, de modo que permitem pouco ou nenhum movimento (p. ex., o crânio). **Articulações cartilaginosas** são ligadas por cartilagens e projetadas para uma maior capacidade de absorção de impacto (p. ex., as vértebras). **Articulações sinoviais** permitem maior amplitude de movimento (como o joelho) e constituem a maior parte das articulações do corpo.

Sistema muscular

Não poderia haver movimento sem músculos. O sistema muscular é uma rede de tecidos que produz tensão nos ossos com a finalidade de criar movimento nas articulações (ver Fig. 3.2). Essas ações projetam o corpo no espaço usando a contração e o relaxamento dos músculos. A musculatura esquelética se liga aos ossos e constitui até 40% do peso corporal (Clippinger, 2007). Ligamentos unem osso com osso e tendões ligam

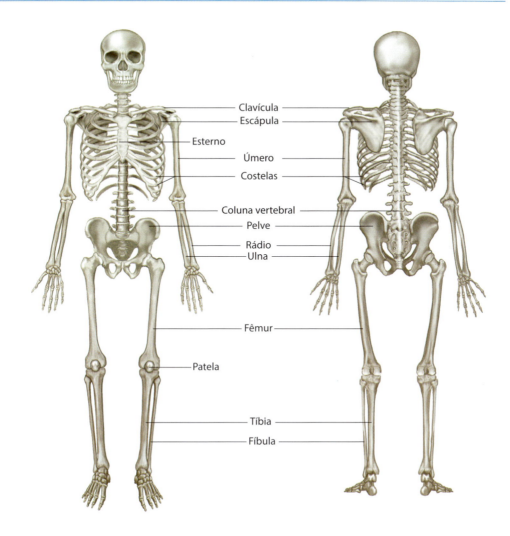

Figura 3.1   O sistema esquelético.

músculo a osso. O corpo possui 434 músculos; 75 pares são responsáveis pelos movimentos do corpo. Os nomes desses músculos têm origem no latim e no grego.

A **contração dinâmica (isotônica)** ocorre quando o comprimento do músculo envolvido se altera (Baechle e Earle, 2003). Existem dois tipos de contrações isotônicas (ver Fig. 3.3): **concêntricas** (encurtamento do músculo e movimento articular visível) e **excêntricas** (tensão envolvida na distensão de um músculo). Os músculos trabalham em conjunto para produzir um movimento, cada um com um papel diferente. Quando contraído, um agente motor, ou músculo agonista, produz o movimento articular desejado. O músculo antagonista promove uma ação oposta à do motor. Ele geralmente relaxa quando o agonista contrai. O estabilizador sustenta a parte do corpo contra forças relacionadas à contração muscular. Os músculos precisam trabalhar juntos para proporcionar movimentos precisos e suaves.

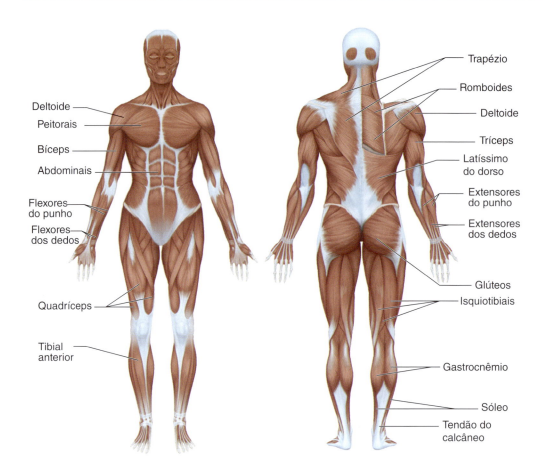

Figura 3.2   O sistema muscular.

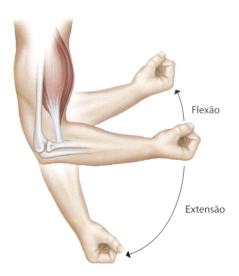

Figura 3.3   A flexão do bíceps é uma contração muscular concêntrica; a extensão do bíceps é uma contração muscular excêntrica.

Cinesiologia básica

Mais lesões na dança são resultado de excesso de sobrecarga e fatores biomecânicos do que de traumas agudos (Clippinger, 2007). Entender o básico da cinesiologia, ou movimento humano, pode ajudar a tratar ou prevenir essas lesões. Esta seção vai familiarizar o leitor com termos relativos ao movimento. Bailarinos e outros atletas precisam conhecer esses termos para melhor relatar lesões e preocupações aos médicos, fisioterapeutas, treinadores ou massoterapeutas. Além disso, saber os termos certos de como o corpo se movimenta vai torná-lo um bailarino e um profissional melhor.

Posição anatômica

Para compreender o movimento, primeiro é preciso conhecer a terminologia básica de anatomia. A posição inicial universalmente adotada para descrever o movimento é chamada **posição anatômica** (Fig. 3.4). Consiste na posição em pé, com o corpo ereto, os pés apontados para a frente, os braços estendidos ao lado do corpo, a palma das mãos virada para a frente, dedos esticados e os polegares apontados para fora. A posição de **decúbito ventral** é deitada de barriga para baixo e a de **decúbito dorsal** é deitada de costas.

Figura 3.4 Posição anatômica.

Movimentos articulares

O movimento acontece na articulação em torno do eixo de rotação em um plano (ver Fig. 3.5) (Clippinger, 2007). Articulações sinoviais permitem estes movimentos articulares básicos: flexão (diminuir o ângulo da articulação) e extensão (aumentar o ângulo da articulação), como flexionar e estender o cotovelo (Fig. 3.6a), hiperextensão (estender além da posição natural, como flexionar

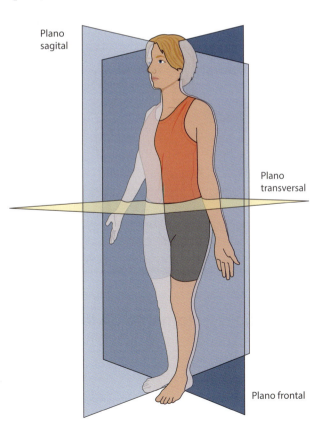

Figura 3.5 Planos corporais.

para trás), abdução (mover além da linha mediana), adução (mover em direção à linha mediana; Fig. 3.6b), rotação (lateral ou externa, que consiste em virar a superfície anterior para fora; e medial ou interna, que consiste em virar a superfície anterior para dentro) e circundução (movimento que cria um círculo completo e combina flexão, abdução, extensão e adução; Fig. 3.6c).

Estabilidade articular é a capacidade de uma articulação de suportar choques mecânicos ou movimentos sem sofrer lesão (Clippinger, 2007). Fatores que favorecem a estabilidade articular: o formato da parte em questão, os ligamentos que guiam a articulação ao longo da amplitude do movimento, o vácuo criado na articulação e o potencial de extensão de músculos e tendões.

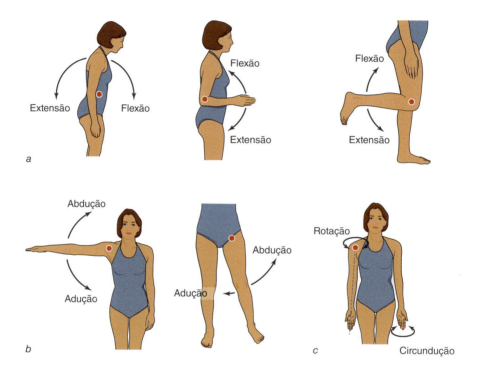

Figura 3.6 Movimentos articulares: (a) flexão e extensão, (b) abdução e adução e (c) rotação e circundução.

Prevenção e tratamento de lesões comuns na dança

Toda atividade física oferece risco de lesão. Lesões agudas e crônicas podem ocorrer por diversas razões, como falta de consciência corporal, técnica de dança ruim, uso excessivo de determinados músculos, tentativa de usar técnicas avançadas sem estar preparado, falta de aquecimento apropriado e obstáculos no estúdio ou no piso. O primeiro passo para evitar lesões é praticar a postura, o uso muscular e a consciência corporal corretos. Siga à risca as instruções do professor de como executar cada passo da maneira certa. Lesões agudas geralmente ocorrem na aterrissagem incorreta de saltos ou pulos, causando assim entorse do tornozelo. A maior parte das lesões que ocorrem no sapateado atinge os membros inferiores (dos quadris aos dedos do pé) e pode incluir danos musculoesqueléticos e aos tecidos moles. Os ferimentos mais comuns nas aulas para iniciantes são bolhas, distensões e entorses.

Bolhas

Resultam da fricção de sapatos, que podem estar muito apertados no calcanhar ou nos dedos do pé. Algumas medidas devem ser tomadas para evitá-las e tratá-las, pois podem infeccionar.

Antes de entrar no estúdio, certifique-se de que seus sapatos estão confortáveis nos pés. Se uma bolha se formar, não tente furá-la ou puxar a pele; mantenha-a intacta. Mantenha os pés limpos para evitar infecções na região da bolha. Quando for dançar, cubra o ferimento com um curativo adesivo macio a fim de prevenir irritação. A exposição ao ar acelera a recuperação, portanto, fora da aula, calce sapatos que deixem a bolha respirar e, à noite, deixe-a descoberta.

Distensões

São lesões nos músculos ou nos tendões, que conectam o músculo ao osso. **Distensões** são comuns e podem acontecer em qualquer atividade física. Se você nunca usou um grupo muscular ou partes do corpo específicas para um movimento que está aprendendo na aula, ou se faz muito tempo que não frequenta uma aula de dança, esteja preparado para sentir um pouco de dor no corpo.

Para evitar distensões ao aprender ou praticar passos ou exercícios novos, tente executar o movimento respeitando seus limites e saiba quando parar. Fazer exercícios muito pesados ou realizar muitas repetições faz parte da filosofia *no pain, no gain* ("sem sofrimento não há ganho", em português). Porém, uma estratégia melhor é aumentar aos poucos o número de repetições e a intensidade do exercício para conseguir ganhos com menos dor e mais longevidade. Por exemplo, alunos de dança iniciantes fazem a maior parte das extensões de perna em um ângulo de 45° ou menor. Estender a perna a 90° pode ser uma meta de longo prazo, mas não se deve partir daí. Comece com pouco e evolua gradualmente, à medida que desenvolve força, flexibilidade e controle do movimento.

Entorses

São lesões nos ligamentos, que conectam osso com osso. Pisar no chão de forma incorreta depois de um salto pode causar uma entorse, por isso preste muita atenção à técnica certa de aterrissagem quando realizar saltos. **Entorses** ocorrem em vários níveis. São mais graves do que distensões e podem reincidir se não forem tratadas adequadamente. Quando há uma entorse, pode haver inchaço e hematoma na área afetada. Para avaliar a gravidade da lesão, as opções de tratamento e o tempo de recuperação necessário, consulte um médico.

Uso do método PRICE

Um tratamento comum para lesões nos tecidos moles ligadas à atividade física, como distensões e entorses, é o método **PRICE** – proteção, repouso, gelo (*ice*), compressão, elevação (e diagnóstico). O médico pode prescrevê-lo ou você pode decidir adotá-lo por sua conta, mesmo que a lesão seja leve. Também pode seu útil no tratamento e na avaliação da gravidade da sua lesão. Use o método PRICE da seguinte forma:

- *Proteção.* Afaste-se de possíveis riscos.
- *Repouso.* Pare de dançar para que a lesão possa se curar da maneira certa. Você tem que descansar e se recuperar antes de voltar à dança. Se sentir muita dor durante o descanso, consulte um médico.
- *Gelo.* A fim de reduzir o inchaço, que é desconfortável e pode retardar a recuperação, aplique uma bolsa de gelo na área machucada várias vezes por dia. Coloque o gelo no local por 20 minutos, retire por 20 minutos e aplique outra vez.
- *Compressão.* Para ajudar a diminuir o inchaço, comprima a área lesionada envolvendo-a com uma bandagem elástica. Compressão não significa que é preciso enrolar o mais apertado possível. Se perceber latejamento, desenrole a bandagem e refaça o procedimento, com mais folga.
- *Elevação.* Suspenda a região lesionada acima da altura do coração para ajudar a diminuir o inchaço.
- *Diagnóstico.* Se a lesão parecer grave, procure um profissional de saúde.

Adaptado da International Association for Dance Medicine and Science, 2010, *First aid for dancers*.

Aquecimento e alongamento

Além do uso correto da técnica, aquecimento e alongamento específicos ajudam a prevenir lesões na aula de sapateado. Fora os benefícios físicos, fazer um aquecimento individual é uma forma de acalmar a mente para poder se concentrar na aula. Quando sua mente se foca na tarefa do momento, você fica menos sujeito a acidentes. Talvez precise de um aquecimento a mais antes de a aula começar, porque sofreu uma lesão e a parte do corpo afetada necessita de atenção extra ou porque a temperatura externa está muito baixa e você precisa preparar o corpo com segurança para a aula; músculos frios ficam mais vulneráveis a lesões. Além disso, talvez você queira alongar seus músculos para melhorar a flexibilidade.

O professor pode ajudar a criar um programa individual de aquecimento e alongamento, ou você pode elaborar seu programa baseado naquilo que aprendeu em aula. No geral, deve-se iniciar o aquecimento com movimentos simples de quadris, tornozelos, pés e coluna e, então, lentamente começar a alongar pernas e tronco. Para aprimorar a flexibilidade, aumente gradualmente a amplitude de movimento a cada alongamento. Lembre-se que *no pain, no gain* não se aplica ao alongamento. O contrário, sim, é verdadeiro: esteja atento a como seu corpo se sente e reconheça a diferença entre dor e desconforto, para que saiba a hora de parar.

O alongamento para dança consiste em movimentos contínuos, não explosivos. Movimentos explosivos utilizam o reflexo de alongamento, que pode encurtar, em vez de alongar, os músculos sendo trabalhados. Em qualquer sequência de alongamento, a respiração deve ser combinada ao movimento, para intensificar e prolongar o alongamento. Faça uma respiração profunda e, quando alongar, solte lentamente o ar. A respiração lenta e controlada relaxa e auxilia no desconforto que alunos iniciantes podem sentir nessa etapa.

Um alongamento leve antes da aula ajuda a aquecer os músculos e prevenir lesões.

Manutenção da postura

Você já viu uma casa sendo construída? O empreiteiro começa com uma fundação resistente, geralmente feita de cimento. Depois, a casa é estruturada direto sobre a fundação. Por fim, o telhado é construído em cima das paredes estruturais. Se a estrutura ou o telhado não estiverem diretamente sobre a base, a casa ficará frágil e, com o tempo, poderá se tornar inabitável. É assim que o corpo é projetado. Tudo precisa estar alinhado para que o corpo se movimente e funcione adequadamente. A postura correta é necessária para ter liberdade de movimentos e prevenir lesões. Bailarinos devem ter a postura avaliada por um médico ou fisioterapeuta. Mas é possível realizar uma autoanálise com este exercício simples (Saito, Hanai Akashi e Neves Sacco, 2009):

1. Fique em pé de frente para um espelho de corpo inteiro. Tente não modificar nada em sua postura. Fique em pé normalmente. Imagine uma linha reta partindo do topo da sua cabeça e passando pelo nariz, queixo e umbigo, até terminar entre seus pés.
2. Há alguma diferença entre a posição de cada pé? Um está apontando mais para fora do que o outro? Qual é a posição dos tornozelos? Eles estão virados para dentro, para fora ou neutros?
   - Pronação ocorre quando os pés ficam voltados para dentro (Fig. 3.7), o que causa um problema biomecânico e pode ocasionar lesões.

- Superpronação, ou arco caído, acontece quando o pé não tem chance de se recuperar e descansar porque ficam voltados muito para dentro e por muito tempo. Olhe a parte inferior do pé para checar se ele está completamente apoiado no chão. Isso pode ser um indício de pés chatos.
- Supinação ocorre quando os pés ficam voltados para fora, ou ganham *dedos de pombo* (Fig. 3.8), o que também provoca um problema biomecânico e pode levar a lesões. Pessoas com o arco do pé alto geralmente têm pés supinados.

Olhe seus joelhos (Fig. 3.9). Os dois apontam na mesma direção, estão diretamente abaixo dos quadris? Afaste os pés na largura dos quadris e abaixe-se como se fosse sentar. Seus joelhos se movem para dentro ou para fora quando se senta? Eles são alinhados, valgos ou em "X" (quando os joelhos se encostam, com os tornozelos separados), varos ou em arco (quando as pernas se curvam para fora) ou ficam voltados para dentro ou para fora?

3. Preste atenção aos seus quadris. Sua cintura é alinhada ou um osso do quadril é mais alto do que o outro? Olhe seu umbigo. Ele está em um dos lados ou no meio do abdome? Algum lado da sua cintura é mais alto do que o outro?
4. Agora veja seus ombros. Seus braços pendem uniformemente ao lado do corpo? Um dos ombros é mais alto ou está mais para a frente do que o outro?
5. Sua cabeça pende para um dos lados?
6. Vire-se de lado e peça a um amigo para avaliá-lo nessa posição. Imagine uma linha que passa pelo topo da cabeça, dividindo orelhas, ombros, cintura, quadris, joelhos e tornozelos. Sua cabeça fica muito projetada para a frente ou para trás? Seus ombros pendem para a frente ou sua pelve é voltada para a frente ou para trás? Incline-se e peça a seu amigo para palpar (examinar por meio de toque) sua coluna. Ela está alinhada ou curvada? Se a coluna estiver curvada para um dos lados, considere consultar um médico para saber se tem escoliose, que é o desvio lateral da coluna.

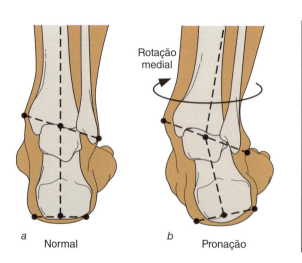

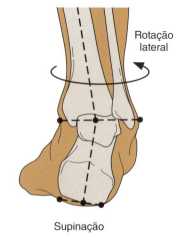

Figura 3.7 (a) Posição normal; (b) pronação.

Figura 3.8 Supinação.

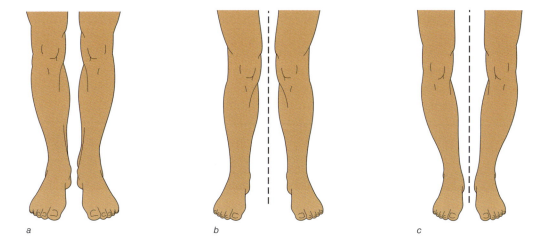

Figura 3.9 Diferenças de alinhamento do joelho: (a) normal; (b) joelhos valgos; (c) joelhos varos.

A postura adequada é necessária para realizar movimentos corretos e prevenir lesão. Uma série de exercícios de força e alongamento pode corrigir a maioria dos desvios posturais. Nos casos de desvios extremos, a fisioterapia pode ser recomendada.

Compreensão do condicionamento

Sapateado é uma forma de arte e uma atividade física que exige condicionamento físico e mental. Durante a aula, os movimentos de dança elevam a temperatura corporal e tem-se a experiência de um treinamento físico. Enquanto seu corpo se exercita, sua mente se prepara para os movimentos seguintes, soluciona problemas, registra novas informações espaciais e cinestésicas durante a execução e retém a memória do movimento para você revisar e analisar como preparação para a aula seguinte. Compreender a relação entre sapateado e condicionamento pode ajudar a aprimorar sua saúde para ter melhor desempenho na aula de sapateado e aprimorar seu rendimento por uma saúde melhor.

Princípios do condicionamento

Os princípios usados no condicionamento físico e no esporte também são aplicados à dança. O **princípio FITT** – frequência, intensidade, tempo e tipo de atividade – e o **princípio da sobrecarga** ajudam a criar um programa de exercícios adequado para evoluir com segurança. Eles são descritos da seguinte maneira:

- *Frequência*. A maioria das aulas acadêmicas de sapateado acontece várias vezes por semana, geralmente com um dia de intervalo entre elas. Esse dia dá ao corpo tempo para descansar e se recuperar antes de enfrentar o mesmo tipo de atividade vigorosa.
- *Intensidade*. Refere-se a quanto de esforço é colocado no exercício durante um período de atividade física. À medida que seu curso de sapateado evo-

lui, o número e a complexidade dos movimentos elevam o grau de intensidade.
- *Tempo*. A duração das aulas não varia, mas você pode variar o tempo em que se mantém ativo durante a aula e o tempo de prática fora da aula.
- *Tipo*. A prática de sapateado inclui atividades aeróbicas e anaeróbicas, além de exercícios para ganho de músculos e trabalho de flexibilidade.
- *Sobrecarga*. Esse princípio se refere a trabalhar determinado grupo muscular com mais carga do que usou anteriormente, a fim de ganhar força. O corpo responde se adaptando a demandas mais difíceis. Dependendo do tipo de sobrecarga, vai responder com melhora de força, resistência ou ambas.

Esses dois princípios estão relacionados: o princípio FITT explica como aplicar o princípio da sobrecarga. A frequência, a intensidade, o tempo e o tipo de exercício afetam o modo como o corpo se adequa à sobrecarga. Promover uma evolução saudável do corpo é um processo lento e contínuo que requer esforço. O corpo precisa de tempo para adquirir melhoras graduais na força e na resistência.

Considerações de força e condicionamento

Como bailarino, você precisa de músculos fortes para ampliar o trabalho que faz no sapateado. Às vezes, em vez de alongar na barra ou no centro, os bailarinos realizam flexões de braço, abdominais e outros exercícios de força e flexibilidade. Fora da aula de sapateado, o pilates tem como foco o fortalecimento do *core* e o alinhamento do corpo e a musculação desenvolve força muscular e ajuda na reabilitação de possíveis lesões. Praticar essas ou outras atividades pode contribuir com a saúde geral, melhorar seu desempenho na dança e prevenir ou ajudar na recuperação de lesões.

Nutrição, hidratação e descanso

O treinamento adequado aprimora a dança, e o mesmo vale para a nutrição. A alimentação correta ajuda a melhorar o desempenho físico para ganhar mais saúde em curto e em longo prazo. Para entender como a nutrição pode melhorar o desempenho na dança, é preciso conhecer os fundamentos básicos de fisiologia do exercício e nutrição. Por fim, o descanso é um componente básico do treinamento de dança e da recuperação.

Nutrição

Assim como um automóvel, o corpo precisa de combustível para funcionar. Os movimentos se iniciam com as ligações químicas dos alimentos. Essas ligações químicas são chamadas **macronutrientes**, que consistem em carboidrato, proteína e gordura. Embora a proteína seja importante para a reparação dos tecidos e para as funções reguladoras, as fontes principais de energia são os carboidratos e as gorduras. O carboidrato é digerido no intestino delgado, absorvido e transportado para o fígado e os músculos, onde é armazenado na forma de glicogênio. O fígado libera glicogênio como glicose na corrente sanguínea para manter equilibrados os níveis de açúcar no sangue. A glicose é utilizada pelo cérebro e pela musculatura esquelética e pode atuar como fonte de energia imediata. Como o carboidrato é o combustível principal utilizado durante a atividade física, é essencial consumi-lo diariamente. Atletas e bailarinos devem ingerir de 5 a 10 gramas de carboidrato por quilo de peso corporal por dia (Dunford, 2006).

Proteínas são compostos orgânicos complexos. A estrutura básica da proteína é uma cadeia de aminoácidos, que são importantes para a regeneração dos tecidos e funções reguladoras. Alimentos fontes de proteína são agrupados como proteínas completas ou incompletas. As completas, como as encontradas em produtos de origem animal (peixe, ovos, leite) e não animal (como quinua), contêm todos os nove aminoácidos essenciais. Proteínas incompletas, como as encontradas na maioria das leguminosas, castanhas e grãos, não possuem um ou mais desses aminoácidos essenciais e podem ser consumidas associadas umas às outras para formar uma proteína completa. Veganos e vegetarianos podem ingerir uma combinação de leguminosas, castanhas e grãos para atingir a dose de proteína recomendada diariamente. A ingestão recomendada do nutriente para bailarinos é a mesma de qualquer adulto, de acordo com a Ingestão dietética de referência (DRI), que recomenda 0,8 grama de proteína por quilo de peso corporal por dia (Dunford, 2006). Embora muitos atletas de força e resistência possam precisar de uma ingestão maior, bailarinos não costumam estar nessa categoria de atleta.

A maioria dos bailarinos tem medo desta palavra: gordura. No entanto, esse nutriente é essencial, pois consiste em uma importante fonte de energia, mantém a temperatura corporal, protege os órgãos internos, contribui para aumentar o potencial de saciedade dos alimentos e auxilia no transporte e na absorção de vitaminas lipossolúveis. A gordura dos alimentos é digerida e transformada em ácidos graxos, absorvida no intestino delgado e estocada como triglicerídeos no tecido adiposo. Esses ácidos graxos podem ser usados imediatamente como fonte de energia.

Hidratação

Quando está desidratado, é provável sentir fadiga, falta de concentração e até correr o risco de se lesionar. Para ter desempenho máximo, é preciso se hidratar adequadamente antes, durante e depois da aula ou apresentação de dança. Para garantir a ingestão ideal de líquido, tome água 24 horas antes do treinamento, doses extras nos 10 ou 15 minutos antes do início da aula e beba regularmente durante a prática. Consuma pelo menos 500 mililitros de água para cada meio quilo de peso corporal perdido com o exercício. Evite álcool nas 72 horas antes ou depois de treinar.

> **Você sabia?**
>
> Repense o que você toma: bebidas com café, refrigerantes, álcool e bebidas com açúcar podem ser atrativas, mas oferecem pouco ou nenhum benefício nutricional e podem até levar à desidratação. Substituir uma ou mais dessas bebidas por água ao longo do dia vai garantir hidratação e diminuir o número de calorias vazias consumidas.

Descanso

É preciso estar bem descansado para se preparar para a aula de sapateado. Em conjunto com a hidratação e a nutrição, o repouso adequado proporciona a recuperação e a revitalização do corpo. Quando os músculos estão sobrecarregados, necessitam de descanso para se regenerar. Sua mente também precisa descansar para funcionar como deve. Quando não descansa o suficiente, você fica menos alerta e mais vulnerável a acidentes. Se tem problemas para dormir ou se sente muito ansioso, aprenda algumas técnicas de relaxamento e acompanhe seu ritmo ao longo do dia, para que seu corpo e sua mente tenham tempo de repousar.

Resumo

O sapateado é uma prática divertida e gratificante. Este capítulo apresentou informações sobre a anatomia básica, cinesiologia, cuidados e prevenção de lesões, além de nutrição e hidratação. Conhecer os termos básicos utilizados aqui vai melhorar a comunicação com seu médico, fisioterapeuta, treinador e até massoterapeuta, pois vai ajudá-lo a entender melhor seu corpo e a ganhar mais saúde e ter mais segurança. O sapateado normalmente é seguro, mas a prática de qualquer atividade física prevê a possibilidade de sofrer lesões. Se você se machucar, deve ficar atento ao tipo de lesão ocorrida e procurar orientação médica quando for necessário. A maior parte dos desconfortos pode ser aliviada utilizando o método PRICE. Seu corpo é seu veículo de movimento e expressão. Saber como abastecê-lo, hidratá-lo e usá-lo vai mantê-lo tonificado, em forma e menos suscetível a lesões.

4
Aprendizado e desempenho

Aprender e praticar sapateado representa desafios físicos e intelectuais; trata-se de uma experiência mente-corpo. É preciso chegar à aula física e mentalmente preparado para aprender bem como usar as habilidades de observação para olhar e ouvir os movimentos apresentados pelo professor. Quando for realizá-los, confira se entendeu e se consegue repeti-los no tempo da música. Essas habilidades não ficam perfeitas na primeira semana de aula, mas são adquiridas com o tempo, à medida que você desenvolve consciência cinestésica e memória muscular. Com isso, é capaz de repetir exercícios e passos em vários padrões e com músicas diferentes. A repetição aprimora sua técnica e seu desempenho. A mudança de música e padrões melhora sua capacidade de lidar com elementos novos em relação aos movimentos que já sabe.

Linguagens do sapateado

O sapateado usa várias linguagens que é preciso dominar. A primeira a ser aprendida é a dos passos da dança. Para auxiliá-lo a aprender e lembrar os passos, o **comando** representa as ações do corpo (movimentos das pernas, braços e cabeça em uma sequência) durante um exercício ou um passo.

O professor utiliza o comando para descrever o movimento e ajudá-lo a fazer uma conexão com ele. Dessa forma, é possível progredir condensando várias ações em um exercício ou combinação. Essa sequência de movimentos é representada por um único termo do sapateado. Quando você começa a aprender a dança, o comando de uma sequência o prepara para a contagem antes de seus movimentos. Depois, você consegue executar um passo ou exercício sem ter de pensar em cada movimento.

Conhecer a terminologia do sapateado vai além de traduzir a sequência de movimentos para reconhecer o termo falado ou escrito. Saber todas essas traduções é útil no momento de um exame, quando se espera que você realize um exercício ou um passo, reconheça o termo escrito ou falado e saiba a representação dele como comando. O vocabulário da técnica de sapateado inclui posições, exercícios, passos e combinações.

Aprendizado dos passos de sapateado

Na aula de sapateado, é essencial observar enquanto o professor realiza um exercício associado ou não à uma música e fala o comando ou os termos de sapateado antes de executar o movimento. Ouvir e lembrar a sequência de movimentos junto com o comando e os respectivos termos ajuda na hora em que estiver praticando um exercício ou combinação. Aprender passos novos pode ser resumido em um método fácil: veja e ouça, depois movimente-se.

Ver

O primeiro passo é observar os movimentos enquanto o professor os demonstra. Quando você começa a aprender sapateado, deve se concentrar na posição inicial dos pés, nas ações da perna em movimento e nas direções em que a perna está se movendo. Mais tarde, quando os movimentos passam a incluir os braços e deslocamentos, é preciso visualizar o corpo inteiro realizando o movimento, o que cada parte está fazendo na sequência e onde se encontra no espaço. Dependendo do estilo de sapateado, a movimentação da parte superior do corpo não é tão importante quanto o som e o ritmo dos pés.

Ouvir

Enquanto assiste à demonstração do professor, também é preciso escutar as instruções verbais – o comando utilizado para descrever os movimentos enquanto os executa. Quando a música começa, preste atenção às palavras que indicam o comando de um movimento em relação à música. Em sua prática inicial, o professor geralmente fala o comando antes de iniciar um movimento. Essa é sua chance de identificar qual movimento entra em que contagem ou métrica.

À medida que o curso de sapateado evolui, o professor faz a demonstração sem o comando e, em vez disso, usa a terminologia do sapateado para indicar o ritmo, a contagem ou a métrica. Perto do fim das suas aulas como iniciante, o professor pode anunciar um exercício ou combinação utilizando termos de sapateado sem incluir uma demonstração visual. Nesse ponto, você tem de traduzir sua audição em visualização: precisa ouvir o termo de sapateado, visualizá-lo, ouvir o som e o ritmo da batida e, então, realizá-lo com a música, no ritmo e no andamento corretos.

Como bailarino iniciante, traduzir as palavras do professor em movimentos deve ser sua meta principal para aprender a terminologia. Ao passar da fase de audição para a de tradução, você também ganha controle e responsabilidade sobre seus movimentos.

Movimentar-se

Depois de observar, o passo seguinte é realizar. Quando está aprendendo uma nova sequência de movimentos, você geralmente os executa devagar sem música, depois, devagar com música, enquanto o professor lhe guia de um movimento a outro. Ao praticar a sequência de movimentos, diga para si mesmo o comando ou os termos. Continue a realizar os movimentos na ordem certa e no tempo da música e, depois, pratique a sequência de movimentos até se sentir confortável com ela. Esteja preparado para fazer ajustes a fim de executar a sequência corretamente. Lembre-se de que neste momento você está aprendendo apenas os padrões básicos de movimentos.

Durante o curso, você passa a considerar técnica, regras e outros elementos para aperfeiçoar seu desempenho em exercícios básicos. No sapateado, aperfeiçoar os movimentos é um processo contínuo. Depois de ter a sequência de movimentos na cabeça, pratique-a de modo que possa iniciá-la com os dois lados do corpo.

Praticar repetidamente os passos na barra, no centro e fora da aula reforça o aprendizado e ajuda a aperfeiçoar a técnica.

Tenha como meta absorver a maioria dos movimentos apresentados em aula. Em alguns cursos, alguns ou todos os componentes são repetidos durante o encontro seguinte. Essa repetição reforça o aprendizado. No sapateado, você tem de alcançar certo nível de aprendizado antes de evoluir para uma fase seguinte de técnica, estilo e habilidade artística. Sua capacidade de recordar e replicar os movimentos contribui para sua evolução como bailarino.

Aprendizado das técnicas de sapateado

A aula de sapateado para iniciantes consiste em aprender a técnica básica, ou como executar um passo específico de uma maneira consistente. A técnica envolve a realização correta, assim como a incorporação de princípios do movimento. Além de aprender a técnica, você acrescenta ritmo e qualidade ao movimento, para desempenhar a dança com clareza e transmitir um estilo que dissemina musicalidade e arte.

Dicas e *feedbacks*

Durante a aula, diversos tipos de *feedback* podem guiar seu desenvolvimento como bailarino. O professor dá dicas de várias formas quando você aprende movimentos novos. Por exemplo, elas podem ser na forma de instruções ou imagens, para ajudá-lo a sentir o movimento, ou podem ser frases rítmicas indicando o tempo de um passo.

Na maioria das vezes, o *feedback* do professor na aula inicial é dirigido a todos os alunos, para que entendam o movimento ou a sequência. Às vezes, o professor oferece *feedbacks* individuais, para esclarecer ou prolongar o desempenho de um aluno específico. Isso se torna mais comum na parte mais avançada do curso.

Outro tipo de *feedback* vem do seu desempenho pessoal, e pode ser cinestésico, intelectual ou uma combinação de ambos. Quando você executa um movimento, percebe como seu corpo está se movendo e aplicando os princípios de movimento ao longo da sequência. Ao realizar um movimento, você mentalmente acompanha o tempo dele com a música e a percepção cinestésica de sua execução, registra a experiência em sua memória de movimento e se prepara para o movimento seguinte – tudo ao mesmo tempo. Com a prática, esses processos se misturam a ponto de você conseguir refinar a execução do movimento.

Contextualização de movimentos

Conhecer as partes de uma sequência de movimentos e o tempo de um passo de dança mais tarde se estende a vários passos em uma combinação. Um passo introdutório, um ou mais passos intermediários e um passo final formam uma combinação básica. Cada passo de uma combinação exige execução clara, no tempo certo e com qualidade.

Memorização de sequências de movimentos

À medida que você ganha experiência no sapateado, o professor pode parar de usar o comando para iniciar seus movimentos e deixá-lo responsável por lembrar as sequências. Portanto, é necessário memorizar a terminologia ou criar seus próprios termos para os movimentos e repeti-los mentalmente enquanto dança. Além disso, faça as seguintes perguntas a si mesmo:

- Estou voltado para qual direção?
- Qual perna estou movimentando?
- Em que direção estou movendo a perna?
- Qual é a posição dos meus braços?
- Em que direção estou movendo meu corpo?

Repetir para si mesmo o comando ou a contagem do professor enquanto se movimenta auxilia na memorização dos movimentos. Aprender essa técnica de repetição no início pode ajudar a integrar outros elementos, como técnica e princípios de movimento no tempo da música. Esse autodiálogo se torna mais complexo à medida que exercícios e combinações se tornam mais longos e complicados. Quando tiver dominado a execução de uma sequência de movimentos, tente realizá-la sem dizer as palavras.

Percepção cinestésica

Conectar-se à sua percepção cinestésica requer conhecimento do seu corpo e dos movimentos que ele realiza. Fazer essa conexão exige tempo e experiência, não acontece da noite para o dia. Depois de praticar sapateado por um tempo, sua percepção cinestésica se torna parte do processo de tradução na conexão linguagem-movimento. Quando ouve um termo de sapateado, seu corpo sabe o que fazer e como fazer.

> **Dica técnica**
>
> Lembrar a sequência de movimentos e visualizar a coreografia ajuda a aprendê-la. Fale para si mesmo o comando do movimento para ajudá-lo a lembrar a coreografia. Repita essas palavras enquanto repassa as imagens da sequência de movimentos em sua cabeça a fim de conectá-los.

Memória de movimento

A memória de movimento usa informações apresentadas nas aulas iniciais de sapateado, conectando-as ao presente e ao futuro. Os movimentos que você realiza na aula são baseados na memória de movimento (também chamada de memória muscular), que se juntam para desenvolver sua percepção cinestésica. Esse tipo de memória incorpora *feedbacks* contínuos de movimentos básicos para deixar clara a sequência de pernas ou alternar os braços e a cabeça em um exercício ou passo. Mais adiante, a memória muscular se expande, à medida que exercícios e combinações ficam maiores, contêm mais passos e vão se tornando cada vez mais complexos. Depois de praticar muitas repetições de um movimento, você consegue executá-lo sem pensar nas diversas partes que o formam e é capaz de aplicar o *feedback* ou acrescentar elementos de estilo para valorizar o movimento em uma *performance* mais sofisticada.

Vocabulário de movimento

À medida que continua a estudar sapateado, adquire-se o vocabulário básico da dança e registra-se o vocabulário de movimentos de várias maneiras: cinestésica, visual, auditiva e como componentes rítmicos. Utiliza-se o comando, que está ligado a termos de sapateado.

Transferência de movimento

No sapateado, você tem de ser capaz de executar exercícios e passos com os dois lados do corpo, ou transferir o movimento de um lado para o outro. Embora um lado do corpo possa responder com mais facilidade do que o outro, a meta é conseguir realizar o movimento dos dois lados com a mesma qualidade.

Ao executar combinações, é preciso se deslocar de uma direção a outra. Às vezes, uma combinação vai de um lado para o outro, da frente para trás ou de trás para a frente. Em alguns momentos da aula, você pode se deslocar em linha reta ou na diagonal, de um canto na parte de trás da sala para o canto oposto à frente. Alguns passos pedem que você gire em volta do próprio corpo ou em círculo. Aprender a transferir exercícios e passos de um pé ou lado do corpo para o outro ajuda a deixá-lo preparado para se mover em várias direções.

Prática mental

A prática mental aprimora o desempenho físico. É semelhante a aprender olhando, ouvindo e movimentando-se. Ao usar essa técnica, você visualiza perfeitamente a realização dos movimentos com a música. Quando revisa a terminologia do sapateado durante a prática mental, também consegue fazer a conexão movimento-linguagem.

Atividade

Encontre sua inspiração no sapateado

Imagine sapatear com os sapatos de um bailarino profissional: observando, movimentando-se, pensando e sentindo-se como ele. Na barra, na diagonal ou dançando no centro, construa a imagem de um bailarino realizando os movimentos corretamente na sua frente, para que você possa segui-lo enquanto realiza o movimento.

Desenvolvimento de uma atitude performática

Desenvolver uma **atitude performática** significa aprender a pensar, agir e se movimentar como um bailarino. O primeiro passo para isso é ser capaz de realizar uma sequência de movimentos e transferi-la para o outro lado do corpo. Quando puder memorizar um movimento e transferi-lo por conta própria, sem depender do professor para demonstrar, você se torna responsável por seus movimentos e o professor pode partir daí na aula seguinte. Essa independência e aceleração no aprendizado aumenta sua confiança, o que leva ao desenvolvimento de seu próprio estilo.

Compreensão da musicalidade

Musicalidade é o conhecimento e a sensibilidade em relação à música. Na dança, refere-se a como o bailarino executa um movimento dentro da música. Realizar um movimento tecnicamente correto e no tempo da música é a base da *performance*. Você começa a estudar a musicalidade quando ouve a música e realiza os movimentos dentro dela. À medida que evolui, você não apenas dança no tempo da música, mas a utiliza para colocar expressão em seus movimentos. Como na percepção cinestésica, com musicalidade você acaba desenvolvendo uma *sensibilidade* à música e seu corpo aprende a se mover com ela.

Os bailarinos geralmente usam a música para ajudar a criar histórias. Sapateadores utilizam padrões de som com os pés como seu livro de histórias. Esses padrões são transportados por impressões de sons organizados. Eles prestam atenção aos detalhes da estrutura musical para aprimorar a qualidade da experiência musical.

Elementos rítmicos

O som musical possui quatro propriedades: *pitch* (alto ou baixo), intensidade (alta ou suave), qualidade do tom (o ambiente ou instrumento) e duração (longa, curta ou silenciosa) (Evans, 1978). O **ritmo** traz a música para a vida: é definido como o movimento regulado e o tempo das notas. O ritmo utiliza o arranjo de sons e silêncios dentro do tempo. Bailarinos e músicos podem variar os ritmos para criar a singularidade de cada obra e dar a ela caráter e personalidade próprios. A unidade básica na organização de ritmo, ou pulsação, é a **batida**, ou **pulso**. A batida mede o tempo. Quando você dança, está se movendo em função da batida. Ouça uma canção e tente se concentrar apenas no ritmo. Tente não focar na letra ou em instrumentos isoladamente. Existe um pulso constante? Esse pulso pode ser representado visualmente por uma linha de notas individuais. **Notas** são os símbolos que representam os sons, e o **valor das notas** representa a duração do som (Fig. 4.1). Independentemente da velocidade da música (andamento), os símbolos da notação musical se relacionam uns com os outros.

Figura 4.1 Símbolos de tempo da notação musical.

Quando se ouve música, percebe-se logo que algumas batidas soam mais fortes do que outras. Ao longo da canção, é possível reconhecer esse padrão recorrente, conhecido como **compasso**. **Acento rítmico** é a ênfase na batida para torná-la forte ou fraca, e dá personalidade única a cada compasso. Os padrões de compasso podem ser binário, ternário ou quaternário (Fig. 4.2). Uma marca de acento (>) é usada para indicar a nota que recebe ênfase maior.

Independentemente do compasso, a primeira batida em uma métrica tem a ênfase maior, ou acento. Esse é o chamado **pulso forte**. Quando o acento não está no pulso forte, ou está no *pulso fraco*, o ritmo é sincopado. **Sincopação** inclui ritmos inesperados que criam um pulso fraco ou uma interrupção no fluxo de ritmo. Sapateadores usam um tipo de sincopação sem batida (som), no qual o silêncio (pausa) substitui uma batida ou som. Isso pode ocorrer em qualquer métrica, quebrando a ênfase natural do compasso.

O **fraseado** musical acontece quando um padrão musical ou de batida é manipulado de modo que se separe do padrão original (fora de fase), depois volte a se unir (em sincronia). Pense no fraseado como dois sapateadores repetindo os mesmos passos várias vezes. Um deles sai do uníssono com o outro, criando um eco suave e, depois, voltando em uníssono.

Figura 4.2 (a) Compasso binário; (b) compasso ternário; (c) compasso quaternário.

Dinâmica musical refere-se ao volume (alto ou baixo) da música. Sapateadores usam essa variação, chamada *luz* e *sombra*, para tornar a qualidade do som interessante e demonstrar controle sobre o som. Esse controle do som com batidas leves em contraste com sons mais altos contribui para a saúde dos sapateadores, que não têm de bater tão forte a cada som, o que poderia causar lesões nos pés e nos joelhos. Na notação musical, a dinâmica é representada pelos termos em italiano *piano* (suave) e *forte* (alto). Um ótimo exemplo de dinâmica no sapateado é a *performance* de Gene Kelly em *Cantando na chuva*.

Você já viu a representação escrita de uma música? Algumas pessoas acham a leitura musical assustadora. Compositores têm de organizar suas músicas para que sejam lidas por outras pessoas. A leitura musical seria difícil se as obras não fossem divididas em **métricas**, que são separadas por linhas verticais chamadas linhas de compassos. A música é escrita em cinco linhas e quatro espaços (Fig. 4.3), que formam uma **pauta**, ou pentagrama. No início da pauta, há um símbolo denominado clave, ou chave. Ele indica o *pitch* das notas escritas. As duas claves mais comuns são a de sol e a de fá. Quando as linhas das claves de sol e de fá se juntam, há a chamada pauta dupla. O **pitch**, ou a frequência na qual o som vibra, é escrito na pauta. Quanto mais no alto na pauta as notas estiverem, mais alto é o *pitch*.

Sapateado e música são compostos por som e silêncio. A duração do silêncio é expressa por símbolos chamados pausas. Para cada valor de nota existe um **sinal de pausa** correspondente. No início da pauta musical há dois números, denominados compasso, ou **divisão de compasso**. Trata-se de uma notação utilizada para especificar quantas batidas há em cada métrica e qual valor de nota constitui uma batida. O número de cima indica quantas batidas há em cada compasso e o de baixo mostra que tipo de nota recebe a batida.

O ritmo pode ter um elemento expressivo, que é o **andamento**, ou a velocidade da batida. O andamento pode ser marcado por um número específico de batidas por minuto (BPM) e identificado usando um metrônomo. Um **metrônomo** é uma ferramenta prática que produz uma batida regular, geralmente entre 35 e 250 BPM. É possível comprar um metrônomo em qualquer loja de artigos musicais ou *on-line*. A seguir, uma lista dos ritmos de dança mais conhecidos e suas BPM correspondentes (Dixon, Gouyon e Widmer, 2003):

"You're a grand old flag"

Music by
GEORGE M. COHAN

Figura 4.3 Trecho da representação escrita de uma música.

Cha-cha	92-137
Jazz	124-182
Quickstep	189-216
Rumba	73-145
Samba	138-247
Tango	112-135
Valsa	78-106

Se você não possui um metrônomo físico, pode baixar um em seu computador, *tablet* ou *smartphone*. Antes do metrônomo, indicações do andamento eram anotadas em palavras, a maioria delas em italiano. As palavras em italiano mais usadas são as seguintes (Blood, 2011):

Andamento
Presto = rápido, depressa (> 168 BPM)
Allegro = alegre e rápido (120-168 BPM)
Moderato = moderadamente (108-119 BPM)
Andante = andando (76-108 BPM)
Adagio = lentamente (60-76 BPM)
Lento = muito lentamente (< 60 BPM)

Tempo e qualidade do desempenho

O tempo e a qualidade do desempenho dependem de conhecer o exercício ou o passo. Determine se o movimento será realizado em um passo lento ou rápido. Reconheça se tem característica de deslizamento ou de batida para acompanhar ou contrastar com a melodia. Na aula de sapateado, você dança vários estilos de música, em andamentos e divisões de compasso que variam. Da mesma forma, pratica vários passos que formam combinações de qualidade diferentes ou semelhantes. Identificar essas e outras características de uma combinação faz parte do aprendizado das técnicas básicas de sapateado e acaba se tornando natural com a prática. O andamento dos exercícios e passos é lento no começo para garantir que seu corpo e sua mente entendam cada movimento e sequência. Em passos e movimentos na diagonal, deslocar-se devagar e preencher a música com saltos ajuda a desenvolver potência e altura necessárias para quando o andamento da música for mais rápido.

Seleção musical

Bailarinos principiantes geralmente não escolhem a música para a aula de dança. Entretanto, explorar vários **estilos musicais (gêneros)**, seja para entretenimento, seja para prática, vai trazer benefícios para quando você se tornar um bailarino mais experiente. Estilo musical são sons musicais pertencentes a uma categoria. Existem muitos gêneros, como clássico, *country*, *soul*, *rock and roll*, *hip hop*, *punk*, eletrônico e *reggae*. Procure músicas que complementem o padrão rítmico de seus pés (passos) e do andamento. É possível escolher entre centenas de canções, lentas e rápidas. Encontre músicas com seções de pausas ou sem batidas, para que possa incorporar seu som pessoal à obra. Algumas canções possuem apenas percussão, como *"Planet drums"* ou outros **instrumentais** rítmicos sem vocais. Pesquise musicais que mostrem o sapateado, como *Rua 42*, *Cantando na chuva*, *Maravilhas em desfile*, *Cinderela em Paris*, *Eles e elas*, *The tap dance kid*, *Crazy for you* e *Dames at sea*.

Realizar passos e combinações acompanhando o tempo corretamente e com qualidade é importante, principalmente quando se pratica em grupo.

Pode-se encontrar canções populares da era do *swing* (1935-1945), de Benny Goodman, Duke Ellington, Glenn Miller, Billie Holiday, Tommy Dorsey, as Andrew Sisters e Count Basie. A seleção musical deve complementar sua rotina de treino e enriquecer a prática. Canções agradáveis de se ouvir ou cantar junto podem não ser as melhores escolhas para usar no sapateado, principalmente se você é iniciante. A melhor opção para quem está começando são batidas regulares e andamento moderado. É possível encontrar esse tipo de música criado para aulas de *fitness* e ginástica. Você pode adquiri-la pelas batidas por minuto (BPM) com 32 contagens regulares. As seleções vêm editadas com as 40 melhores do clássico, pop clássico, anos 1960, 1970, 1980 ou 1990, disco, rock, *dance tribal*, eletrônico, *trance*, *eurobeat*, *swing*, latino e instrumental. O *pitch*, o andamento e o ritmo mais importantes são aqueles produzidos com os pés, enquanto a escolha da música deve considerar o padrão de movimento dos pés.

Compreensão da arte

Em dança, arte significa ser capaz de expressar a intenção da dança, as ideias e emoções do coreógrafo por meio de movimentos e gestos. Assim como ler um grande poema, assistir a uma *performance* dramática fascinante, escutar uma obra musical que transporta seu espírito ou ver uma obra de arte que conecta todos os seus sentidos, um bailarino da dança expressa visualmente a poesia, a emoção e o drama da dança por meio da plenitude e da elegância de movimentos e gestos em sincronia com a música. Isso é o que você vê no palco quando um bailarino interpreta uma coreografia. Desenvolver a arte não se estuda separadamente da técnica, nem apenas em cursos avançados. Na verdade, começa nos fundamentos do sapateado.

A cada dia de aula de sapateado, os passos e exercícios são parte do projeto maior que é estudar a dança como uma forma de arte. Ao realizar combinações básicas, você aprende a aplicar as técnicas, princípios de movimento, regras e protocolos. Esses fundamentos estão na base da estética e da *performance* artística.

Aplicação dos princípios estéticos ao sapateado

Todas as formas de dança compartilham os mesmos princípios estéticos que constituem a base da arte e funcionam como um ponto de partida que coreógrafos, bailarinos e público usam para julgar uma obra de dança. No estúdio de dança, os princípios estéticos que se aplicam ao sapateado orientam o professor na criação de combinações. Os alunos aprendem a compreender e praticar a aplicação desses princípios por meio da execução das combinações de sapateado.

Os princípios estéticos inerentes à dança e outras formas de arte são mostrados na Figura 4.4 e incluem os seguintes:

- *Unidade* é a coesão de todos os elementos de uma combinação, que a transformam em uma mensagem.
- *Variedade* refere-se a passos, direções e níveis que atraem e prendem a atenção ou mesmo desafiam o bailarino.
- *Contraste* destaca ou estimula o interesse e acrescenta dimensões à dança.
- *Repetição* é a recorrência de um elemento, que o torna uma constante.

- *Equilíbrio* oferece à combinação uma proporção que dá à obra uma ideia de igualdade entre as partes.

Adaptado de Kassing e Jay, 2003, p. 370.

Esses princípios estéticos podem parecer abstratos e desconectados dos passos e movimentos que constituem o sapateado básico e suas técnicas. No entanto, depois de adquirir o vocabulário da dança e compreender os princípios e regras de movimento, eles entram em jogo para que o sapateado deixe de ser uma arte técnica e se torne também uma forma de expressão. Para que essa conexão se integre à sua prática, é preciso conhecer os princípios estéticos e como eles se relacionam com o sapateado. Incorporá-los à sua dança é uma questão de representar o sapateado como bailarino desde o seu primeiro dia de aula. Quando você pratica os princípios de movimento, regras e protocolos, eles se integram ao seu desempenho e constituem uma base sobre a qual é possível acrescentar qualidades, estilo, musicalidade e interpretação pessoal. Trata-se de uma sinergia contínua, que se intensifica com o tempo, a prática e a atenção direcionados ao seu entendimento físico e mental do que é o sapateado.

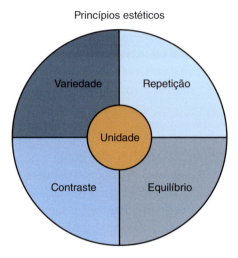

Figura 4.4 Os princípios estéticos orientam a dança e outras formas de arte.

Preparação para o exame

Em um curso acadêmico de sapateado, você passa por dois tipos de exames: escrito (no papel ou *on-line*) e prático. O exame escrito abrange vocabulário, termos de ação, terminologia do sapateado, princípios de movimento, regras e protocolos. O exame prático envolve a realização de exercícios na barra e combinação de centro. Além disso, pode ser que você seja solicitado a escrever resenhas e críticas de espetáculos de dança.

Normalmente, a fim de agilizar os exames práticos, a turma inteira apresenta combinações e exercícios na barra durante um ou dois períodos de aula. Você geralmente aprende as combinações na aula e as memoriza para executá-las com seu grupo.

No dia do exame, o professor apresenta os movimentos e espera que você os reproduza. É preciso praticar para conseguir apresentar a sequência de movimentos e técnica corretas, coordenar os movimentos com a música e expressar a qualidade da combinação. Use estratégias de prática dentro e fora da aula para se preparar para o exame. As seguintes questões ajudam a lembrar as combinações na barra e nas coreografias.

- Para que direção eu começo olhando?
- Qual é a posição inicial dos pés?
- Qual é a preparação (pé e braços)?

- Qual é o primeiro movimento?
- Qual é a sequência da coreografia?
- Qual é a finalização?

Com a prática e a experiência, responder a essas questões se torna automático. Elas funcionam como pontos de verificação do seu desempenho.

Prática para o exame

Exercite as combinações solicitadas para se preparar para o exame. Esses movimentos vão ficar profundamente incorporados em sua memória de movimento e intelectual. As etapas seguintes ajudam a adquirir esse nível de conhecimento.

1. Pratique cada combinação sozinho até se sentir confiante.
2. Realize as combinações de frente para o espelho enquanto faz uma autocorreção.
3. Pratique as combinações de costas para o espelho e faça uma autoavaliação.
4. Faça uma lista das combinações das quais se sente seguro e daquelas que requerem um pouco mais de estudo. Então, concentre a prática nessas áreas específicas.
5. Pratique as combinações com um parceiro observando e, depois, observe seu parceiro. Troquem impressões da execução de cada um e de que pontos precisam ser revisados.

Em um exame, é necessário conhecer e ser capaz de reproduzir todas as combinações pedidas. Durante a aula ou uma apresentação, os alunos geralmente seguem a pessoa que está à frente ou se observam no espelho. Essa prática pode ser prejudicial, pois confirma ao professor que você não consegue realizar a combinação sem auxílio visual externo ou que não assumiu a responsabilidade de aprender e executar as combinações.

Entre as aulas de prática e o exame, revise-o visualizando mentalmente a si mesmo se apresentando e praticando as combinações. Antes da prova, reserve tempo para repassar mentalmente as combinações. Durante o exame, você tem de pensar no movimento que está realizando e pensar adiante, nas transições e nos movimentos seguintes da combinação.

Para executar cada movimento de uma combinação, você tem de praticar todas as partes dela, do início ao fim e com a energia e a dinâmica adequadas. Mesmo que tenha se preparado e esteja seguro de que sabe as combinações, podem surgir problemas durante a apresentação. Tenha em mente que, se acontecer alguma coisa ou você cometer um erro, deve manter sua atitude artística e completar a combinação. Tenha em mente também:

- Concentre-se no movimento que está executando, mas esteja preparado para o movimento seguinte.
- Enfrente os problemas e supere-os.
- Complete todos os movimentos.
- Termine a combinação.

Antes de se apresentar

Enquanto está parado, em silêncio, no fundo ou na lateral da sala aguardando para apresentar sua próxima combinação, você pode aproveitar para repassá-la mental e fisicamente. Se isso for atrapalhar os outros grupos se apresentando, afaste-se, fique em silêncio e revise mentalmente a sequência da combinação seguinte. Em algumas aulas, marcar os passos da combinação atual ou seguinte pode ser considerado indelicado. Prefira visualizar sua apresentação com a técnica, ritmo e dinâmica corretas quando a música tocar. O professor indicará as regras sobre como os alunos devem se comportar e o uso da marcação como parte da preparação para a apresentação.

Reflexão após o exame

Depois do exame, pare para refletir sobre seu desempenho. Saber onde você se saiu bem pode ajudá-lo a desenvolver seus pontos fortes. Identificar áreas que necessitam de mais prática servirá para definir metas nas quais trabalhar em aulas futuras.

Resumo

Aprender e executar o sapateado não são apenas desafios físicos, mas também intelectuais e mentais. Conhecer a linguagem do sapateado e os passos ajuda a criar uma *performance* mais sofisticada e com atitude. Além disso, desenvolver o gosto por elementos rítmicos, estrutura musical e seleção musical contribui com a capacidade de realçar os sons dos pés com cada música. Aplicar técnica, princípios de movimento e protocolos forma a base de uma estética e uma apresentação artística. Começar a sapatear consiste em aprender como usar efetivamente os pés como instrumentos.

5
Passos de sapateado

Muitos bailarinos acreditam que o sapateado é apenas o som dos pés. Jimmy Slyde, um dos melhores sapateadores, acreditava que o sapateado era uma questão de criar imagens com cada movimento. Ele dizia que era um bailarino visual e, quando dançava, sempre tinha uma imagem na cabeça (Asante, 2002). Quando começar a sapatear, que imagens você gostaria de apresentar? Assistir a vídeos de alguns dos melhores sapateadores pode ajudar a visualizar qual será sua imagem ao longo da sua jornada na maravilhosa arte do sapateado.

O sapateado tem vocabulário, aptidões e técnicas próprias. A meta principal de qualquer aula de sapateado é aprimorar o desenvolvimento motor enquanto se aprende a técnica da dança. Por meio do sapateado, também se estabelece uma base criativa para descobrir os elementos da dança ou conceitos de movimento.

Compreensão do movimento

Para entender o movimento, é preciso conhecer certos conceitos. Esses conceitos ajudam a adquirir consciência corporal e adaptar espaço, tempo, força e fluxo no ambiente físico (Perpich Center for Arts Education, 2009). Eles são explicados a seguir.

- **Consciência corporal** define como o corpo se movimenta, o controle corporal, a transferência de peso e o equilíbrio (Cone e Cone, 2005).
- **Noção espacial** se baseia no conhecimento de que você e todas as pessoas ocupam um espaço e todo movimento define o espaço corporal pessoal e geral (Elliott, 1997). A qualidade do seu movimento é dada pelos elementos de direção, nível e amplitude.
- **Direção**, ou linha de movimento, é por onde você se move no espaço: em um círculo, para a frente, lateralmente ou para trás.
- **Nível**, ou a transferência de peso a partir do centro de gravidade do corpo, pode se dar acima do centro de gravidade (alto) ou abaixo do centro de gravidade (baixo).
- **Amplitude** é definida pela quantidade de espaço que o corpo ocupa ao se mover no solo ou no ar (em linha reta, em curva, em zigue-zague, em espiral ou em ondas (Brehm e Kampfe, 1997).
- **Consciência de relacionamento** pode incluir partes do corpo, pessoas e objetos e se refere a com que ou quem o corpo se relaciona.
- Você pode perceber o uso do **tempo** por meio dos ritmos internos, como a respiração ou pulsação, ou elementos rítmicos externos, como o andamento ou a velocidade do movimento.
- **Força** de movimento é a liberação ou compressão de energia, a pressão da gravidade e a sensação de pesado ou leve.
- **Fluxo** pode ser o movimento sustentado ou um fluxo constante de energia suave e movimento percussivo que termina ou muda de repente, perdendo continuidade.

Você pode expressar tanto verbal como cinestesicamente emoções, ideias e humores contidos nesses elementos ao explorar movimentos e técnicas fundamentais (Van't Hof, 2002). Quando você experimenta os elementos da dança, é capaz de desenvolver uma linguagem para a dança e se familiarizar com os movimentos, ao mesmo tempo que compreende e desempenha a técnica do sapateado (Feldman, 1996).

Posições dos pés e símbolos

O sapateado utiliza cinco posições de pés, que são feitas na barra ou nos exercícios de centro. Em cada posição, o peso do corpo é distribuído igualmente nos dois pés, os quadris ficam encaixados e as pernas ficam viradas para fora a partir da articulação dos quadris, com os pés em posição clássica, ou viradas para a frente, com os pés paralelos. Usar essas posições de pés (Fig. 5.1) ao realizar *flaps*, *shuffles* e batidas de ponta e calcanhar vai ajudá-lo a trabalhar força, equilíbrio e coordenação e, com isso, melhorar sua técnica de sapateado.

Primeira posição: para fora – calcanhares encostados e ponta dos pés para fora. paralela – pés um ao lado do outro.
Segunda posição: para fora – pés como na primeira posição para fora, mas afastados mais ou menos na distância dos ombros. Paralela – pés como na primeira posição paralela, mas afastados na linha dos ombros.
Terceira posição: para fora – o calcanhar do pé da frente encosta no meio do pé de trás.
Quarta posição: para fora – um pé fica à frente do outro, com uma distância aproximada de um pé entre eles. Paralela – um pé fica à frente do outro.
Quinta posição: para fora – o calcanhar do pé da frente encosta na ponta do pé de trás.

A Figura 5.2 mostra os símbolos dos pés para auxiliar na distribuição do peso e nas mudanças de posição ponta do pé-calcanhar. Use-as quando estiver aprendendo os

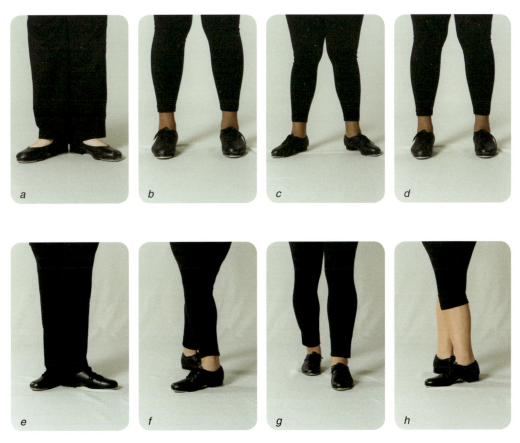

Figura 5.1 Primeira posição: (a) para fora, (b) paralela; segunda posição: (c) para fora, (d) paralela; (e) terceira posição para fora; quarta posição: (f) para fora, (g) paralela; e (h) quinta posição para fora.

> **Você sabia?**
>
> Todos os professores de sapateado usam a mesma terminologia. No entanto, alguns termos possuem variações. Por exemplo, alguns professores chamam um *brush backward* de *back flap* e outros podem simplesmente chamar de *brush*. A maioria dos termos utilizados neste capítulo é universal. Mas tenha em mente que alguns passos evoluíram para outras formas de dança e que termos e passos podem mudar.

passos básicos e a terminologia da dança. Os símbolos são usados para ajudar você a diferenciar as trocas de peso para ponta do pé, calcanhar, pé direito e esquerdo. Muitos bailarinos principiantes consideram essa a parte mais difícil de aprender sapateado. Estas imagens vão auxiliar a desmembrar os passos de sapateado e torná-los mais fáceis. Os termos básicos da dança aparecem junto com os passos e movimentos mais simples.

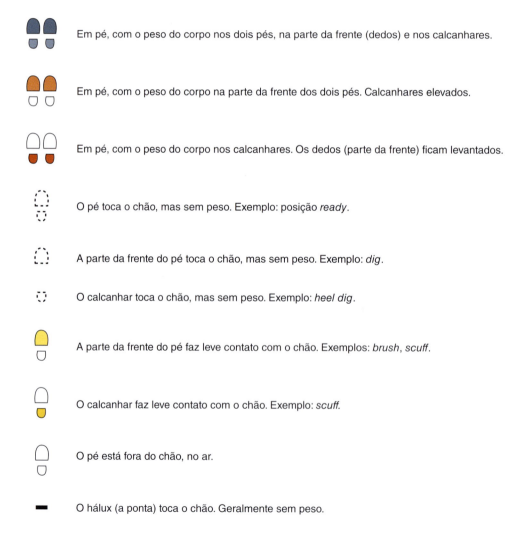

Em pé, com o peso do corpo nos dois pés, na parte da frente (dedos) e nos calcanhares.

Em pé, com o peso do corpo na parte da frente dos dois pés. Calcanhares elevados.

Em pé, com o peso do corpo nos calcanhares. Os dedos (parte da frente) ficam levantados.

O pé toca o chão, mas sem peso. Exemplo: posição *ready*.

A parte da frente do pé toca o chão, mas sem peso. Exemplo: *dig*.

O calcanhar toca o chão, mas sem peso. Exemplo: *heel dig*.

A parte da frente do pé faz leve contato com o chão. Exemplos: *brush*, *scuff*.

O calcanhar faz leve contato com o chão. Exemplo: *scuff*.

O pé está fora do chão, no ar.

O hálux (a ponta) toca o chão. Geralmente sem peso.

Figura 5.2 Símbolos dos pés.

▶ Movimentos locomotores com ritmos regulares

As pessoas usam movimentos locomotores básicos nas ações diárias, nas atividades esportivas e na dança. Esses passos são usados combinados com outros passos básicos de sapateado. Os seguintes são movimentos locomotores que têm ritmos regulares, o que significa que são executados lenta ou rapidamente, mas não ambos ao mesmo tempo. Por exemplo, usa-se um ritmo regular quando se faz um *walk* com os pés esquerdo e direito se movendo devagar, mantendo o mesmo ritmo durante todo o movimento.

Walk[1]

É tão simples quanto colocar um pé à frente do outro, transferindo o peso do corpo do calcanhar para a parte da frente do pé. No sapateado, o *walk* é o mesmo que o *step* (parte da frente de um pé para a parte da frente do outro pé).

Contagem	Posição dos pés	Comando
1, 2	Comece com o peso sobre o pé direito e coloque o pé esquerdo à frente. Transfira o peso do pé direito assim que colocar o esquerdo no chão.	*Step* ou *walk* para a frente

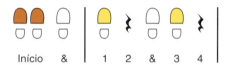

Run[2]

Diferentemente do *walk*, o *run* é um passo de impacto, o que significa que os dois pés ficam no ar ao mesmo tempo.

Contagem	Posição dos pés	Comando
1, 2	Comece com o peso do corpo sobre o pé direito. Levante os dois pés ligeiramente do chão. Ao aterrissar, transfira o peso do pé direito (atrás) para o esquerdo (à frente). Aterrisse com o joelho flexionado para reduzir o perigo de lesão.	*Run*

---

[1] N.C.T.: Nomenclatura utilizada em outras modalidades de dança. No sapateado norte-americano utiliza-se o termo *step*.

[2] N.C.T.: Nomenclatura utilizada em outras modalidades de dança.

Leap[3]

É semelhante ao *run*, mas você fica suspenso no ar mais alto e por mais tempo. Diferentemente do *run*, as duas pernas ficam estendidas. Imagine que está saltando por cima de um tronco de árvore, passando um pé depois do outro.

Contagem	Posição dos pés	Comando
1, 2	Comece com o peso no pé direito e eleve o corpo, mantendo as pernas estendidas. Com o corpo suspenso, comece a transferir o peso do pé de trás (direito) para a frente e aterrisse com o pé esquerdo. Uma boa mecânica corporal implica em um *plié*, ou joelhos flexionados, ao aterrissar com o pé esquerdo.	*Leap*

Hop[4]

Um *hop* começa com o peso do corpo em *um* pé ao sair do chão, e a aterrissagem é no mesmo pé.

Contagem	Posição dos pés	Comando
1-& ou &-1	Comece com o peso do corpo no pé direito enquanto o joelho esquerdo está flexionado e o pé esquerdo, fora do chão. Flexione o joelho direito e estenda-o quando sair do chão. Ao aterrissar de volta com o pé direito, flexione o joelho direito para absorver o impacto.	*Hop*

---

[3] N.C.T.: Para o sapateado norte-americano, a definição de *leap* é saltar em uma perna transferindo o peso para a outra perna; porém, não é comum deixar as pernas estendidas como no *ballet*, mas sim elevar o joelho para realizar o salto e amortecer o movimento.

[4] N.C.T.: O salto é feito em uma perna, sem transferência de peso.

Jump

Começa com o peso do corpo nos dois pés quando você sai do chão, e a aterrissagem é nos dois pés. *Jumps* e *hops* são confundidos nos esportes. Por exemplo, no basquete, um arremesso de bandeja não inclui um salto, mas sim um *hop*, ainda que a maioria dos técnicos chame de *jump*.

Contagem	Posição dos pés	Comando
1-& ou &-1	Comece com o peso distribuído nos dois pés. Flexione os dois joelhos e estenda-os ao sair do chão. Aterrisse nos dois pés, com os joelhos flexionados.	*Jump*

Assemblé[5]

O termo vem do francês e quer dizer *juntar*. Pense em juntar os dois pés ao aterrissar no chão.

Contagem	Posição dos pés	Comando
&-1, 2	Comece com os pés em quinta posição, com os joelhos flexionados, em um **plié**. Com os joelhos flexionados, deslize a perna esquerda para o lado, apoiando o peso do corpo na direita. Quando sair do chão, saltando com a perna direita, junte as pernas no ar e aterrisse sobre as duas, em *plié*.	*Assemblé*

---

[5] N.C.T.: Movimento proveniente do *ballet* clássico.

Sissonne[6]

O termo significa *saltar*. O passo foi batizado em homenagem ao Conde de Sissonne, que também é o nome de um lugar no norte da França.

Contagem	Posição dos pés	Comando
&-1	Comece com o peso do corpo distribuído nos dois pés. Faça um *plié*, ou flexione os joelhos. Salte e estenda as pernas. Aterrisse na perna esquerda ou na direita, em *plié*.	Salto

---

[6] N.C.T.: Movimento proveniente do *ballet* clássico.

Um *leap* é semelhante a um *run*, mas você fica suspenso no ar por mais tempo e mais alto.

Movimentos locomotores com ritmos irregulares

Estes passos têm ritmos irregulares; usam tanto movimentos lentos como rápidos.

Gallop[7]

É semelhante ao *skip*, com a diferença de ser mais fácil e possuir marcha assimétrica. O pé da frente permanece à frente durante todo o exercício, enquanto o de trás vai ao encontro dele. No entanto, diferente de um *skip*, ele nunca ultrapassa o da frente. O *gallop* também é conhecido como a marcha rápida de um cavalo (galope), em que as quatro patas do animal saem do chão.

Contagem	Posição dos pés	Comando
1-& ou &-1	Comece com o peso do corpo nos dois pés, em quarta posição paralela (um pé à frente). Eleve o pé da frente e dê um passo, depois deslize o pé de trás para a frente. O peso do corpo deve ser transferido da frente para trás, com uma pequena elevação.	*Step, leap*

Skip (versão 1)[8]

O *skip* reúne um *hop* e um *step* ou um *step* longo e um *hop*. Há duas versões de *skip*: a versão 1 começa com um *hop* e a 2 começa com um *step*.

Contagem	Posição dos pés	Comando
&-1, &-2	Coloque o peso do corpo no pé direito e pule, saindo do chão e aterrissando com o mesmo pé. Transfira o peso para o pé esquerdo e faça o movimento do lado esquerdo.	*Hop, step*

Skip (versão 2)

Essa versão começa com o peso do corpo nos dois pés.

Contagem	Posição dos pés	Comando
1-&	Eleve o pé direito e dê um passo à frente. Saia do chão e aterrisse com o pé direito. Repita dando um passo à frente com o pé esquerdo.	*Step-hop*

---

[7] N.C.T.: Movimento proveniente do *ballet* clássico.

[8] N.C.T.: Movimento proveniente do *ballet* clássico.

Slide[9]

O *slide* tem diversos significados. No *slide* do beisebol, o lançador eleva o pé à frente alguns centímetros do chão, em vez de deixar o joelho alto. O *electric slide* era – e ainda é – uma dança linear popular e, na aeróbica, o *slide* é um movimento rápido que lembra a patinação no gelo. Jimmy Slyde tinha o *slide* como marca registrada. Ele pulava no ar e, ao aterrissar, pressionava os calcanhares contra o chão como se o solo estivesse coberto de gelo. O *slide* também é ensinado como um exercício locomotor para bailarinos iniciantes; esse é o tipo de *slide* mostrado aqui. Parecido com o *gallop*, é uma marcha assimétrica, que consiste em uma sequência de *step-leap-step* com movimentação lateral.

Contagem	Posição dos pés	Comando
1-& ou &-1	Comece com o ombro, o quadril e a perna de trabalho (direita) virados na direção do movimento (direita). Dê um passo lateral com a perna direita. Salte da perna direita para a esquerda e aterrisse com o joelho esquerdo flexionado. Ao aterrissar, a perna esquerda toma o lugar da direita para garantir que o movimento vai continuar para o lado direito da sala. Esse passo também é tratado como um *step-leap-close*.	*Slide*

▶ Passos de dança básicos

Estes passos combinam movimentos locomotores e incluem ritmos regulares e irregulares. (Os vídeos do material complementar não possuem os passos *grapevine* e polca.)

Foxtrot

Em 1914, Henry Fox realizava movimentos de trote ao som de *ragtime* em suas apresentações de *vaudeville*. Embora muitos especialistas neguem que ele tenha inventado o passo, a dança acabou sendo batizada em homenagem a Fox. Hoje o *foxtrot* é executado em duplas como uma dança de salão. Aprender os passos básicos desse estilo é importante para os iniciantes no sapateado.

Contagem	Posição dos pés	Comando
1-&-2-&-3-&	Comece com o peso do corpo nos dois pés. Dê um passo à frente com o pé direito (**lento**), depois um passo à frente com o esquerdo (**lento**). Dê um passo lateral com o pé direito (**rápido**) e termine com o pé esquerdo (**rápido**). Pode haver uma variação desses passos, mas o ritmo será sempre lento, lento, rápido, rápido.	Lento, lento Rápido, rápido

---

[9] N.C.T.: No sapateado norte-americano, *slide* é o movimento de escorregar pelo chão, com ou sem transferência de peso, em qualquer direção ou posição, com a meia sola do pé ou o pé inteiro no chão.

Grapevine

O *grapevine* possui muitas variações. Este exemplo permite que você realize o passo em quatro contagens de um lado, depois em quatro contagens do outro lado.

Contagem	Posição dos pés	Comando
1, 2, 3, 4	Comece com o peso do corpo nos dois pés. Levante o pé direito e dê um passo para a direita (**contagem 1**). Cruze o pé esquerdo na frente ou atrás do direito (**contagem 2**). Com os pés cruzados, eleve o direito e dê um passo para a direita (**contagem 3**). O pé esquerdo vai na direção do direito e faz um *dig* (**contagem 4**). No *dig*, a parte da frente do pé esquerdo toca o chão, mas sem receber o peso do corpo. Isso sinaliza que o pé esquerdo está livre para fazer o movimento inverso para a esquerda.	Lado, cruza, lado, *dig*

Polca

A polca pode não ser ensinada em muitos estúdios de dança, mas é divertida. Também se trata de um gênero musical. Muita gente pensa que ela foi criada na Polônia, mas sua origem está na Boêmia. O passo pode ser realizado em um círculo ou para a frente.

Contagem	Posição dos pés	Comando
&-1, &-2	Comece com o peso do corpo nos dois pés. Transfira o peso para o pé esquerdo e prepare-se para saltar. Salte com o pé esquerdo e dê um passo com o direito (**&-1**), depois dê um passo com o esquerdo e outro passo com o direito (**&-2**).	*Hop-step, step-step*

Schottische

É uma dança circular antiga, parecida com a polca.

Contagem	Posição dos pés	Comando
1, 2, 3, 4	Comece com o peso do corpo nos dois pés. Dê um passo à frente com o pé direito, um à frente com o esquerdo, um à frente com o direito outra vez e salte com o pé direito, aterrissando sobre ele.	*Step, step, step, hop*

Triplet

Consiste no movimento em três passos, executados para a frente, para o lado ou para trás.

Contagem	Posição dos pés	Comando
1, 2, 3	Comece com o peso do corpo nos dois pés. Dê um passo em qualquer direção com o pé esquerdo. Em seguida, dê um passo para a direita e novamente um passo para a esquerda.	*Step* esquerda, *step* direita, *step* esquerda. *Run, run, run* ou *step, step, step*

Two-step

O *two-step* tem muitos significados na dança, como a dança *country* chamada Texas *two-step*, a Califórnia *two-step*, dançada em clubes noturnos, e até um *break* com manobras acrobáticas. Como iniciante, basta aprender apenas o *two-step* básico.

Contagem	Posição dos pés	Comando
1-&	Comece com o peso do corpo nos dois pés.	Rápido, rápido
2-&	Dê um passo à frente com o pé direito (**rápido**),	Lento
3-&	depois com o esquerdo (**rápido**); dê um passo à frente com o direito (**lento**), depois com o esquerdo (**lento**). Você também pode executá-lo como um passo à frente com o pé direito e fechar o esquerdo atrás, depois dar um passo à frente com o direito e, em seguida, com o esquerdo. Existem muitas variações, mas o ritmo é o mesmo: rápido, rápido, lento, lento.	Lento

Valsa

Apesar de ser mais conhecida como uma dança de salão, é possível dançar valsa no sapateado. Os passos são os mesmos.

Contagem	Posição dos pés	Comando
1, 2, 3	Comece com o peso do corpo nos dois pés. Dê um passo à frente com o pé direito, um passo à esquerda com o pé esquerdo, e feche com o pé direito se juntando ao esquerdo, com o peso no pé direito. Depois, reinicie a sequência com o pé esquerdo, dando um passo à direita com o pé direito e fechando com o peso sobre o pé esquerdo.	*Step*, lado, fecha

Passos de sapateado que produzem um som

Estes são passos básicos que produzem um som. Eles são a base de outros passos de sapateado mais complexos e aqui são apresentados em ordem de evolução.

Step[10]

O *step* é como um *walk*. Dependendo do estilo de sapateado que é ensinado, o peso do corpo deve ficar na parte da frente do pé e no calcanhar ou apenas na parte da frente do pé. Há transferência de peso de um pé para o outro.

Contagem	Posição dos pés	Comando
1, 2 ou 1-&	Comece com o peso do corpo nos dois pés – o professor vai especificar se o apoio precisa ser na parte da frente e nos calcanhares ou apenas na parte da frente dos pés. Transfira o peso para a perna esquerda, eleve o pé direito e leve-o em qualquer direção, transferindo o peso do pé esquerdo para o direito. Repita o exercício para o outro lado.	*Walk, walk* ou *step, step*

Dig

O *dig* é como o *step*, mas sem a transferência de peso. O som produzido pelo *dig* é o mesmo do *step*. Você pode realizá-lo com a parte da frente do pé ou o calcanhar, mas não com os dois. Também pode ser chamado de *toe dig* ou *heel dig*.

Contagem	Posição dos pés	Comando
1	Comece com o peso do corpo nos dois pés. Levante o pé direito e encoste a parte da frente ou o calcanhar no chão, sem transferir o apoio. O *dig* geralmente significa que o pé está livre, pronto para outro passo.	*Dig*

---

[10] N.C.T.: No sapateado norte-americano, *step* é um passo na meia ponta, sem calcanhar.

Heel

O calcanhar do sapato de sapateado produz um som diferente daquele feito com a parte da frente do pé. Alguns professores chamam esse passo de *heel drop*. Ele pode incluir a batida de um ou dos dois calcanhares ao mesmo tempo, assim como um depois do outro.

Contagem	Posição dos pés	Comando
1	Comece com o peso do corpo na parte da frente dos pés. Abaixe o calcanhar direito, transferindo o peso para o pé direito enquanto o calcanhar bate no chão. Você também pode tentar começar com o peso do corpo na parte da frente dos pés e abaixar os dois calcanhares, mantendo o apoio nos dois pés. Outra maneira de executar esse passo é começar com o peso do corpo nos dois pés e bater o calcanhar direito à frente ou do lado, sem transferir o peso.	Heel

Toe tip[11]

Seus sapatos de sapateado possuem um pequeno pedaço de metal na ponta, que acrescenta outro tipo de som além do da parte da frente dos pés e do calcanhar.

Contagem	Posição dos pés	Comando
1	Comece com o peso do corpo nos dois pés. Levante o pé direito e bata a ponta do sapato no chão, do lado ou atrás do pé esquerdo.	Toe

---

[11] N.C.T.: Atualmente, há pouquíssimos modelos com este acessório no sapateado norte-americano, pois já não são muito utilizados.

Toe dig (à esquerda), *heel dig* (no centro) e *toe tip* (à direita).

Brush

Como o *step*, o *brush* é a base a partir da qual se constroem outros passos mais complexos. Você pode realizar o *brush* em todas as direções: para a frente, para trás (também chamado *spank*), para o lado ou sobre a perna de apoio. No *brush*, a parte da frente do pé faz contato com o chão.

Contagem	Posição dos pés	Comando
1	Comece com o peso do corpo nos dois pés. Eleve o pé direito e bata levemente a parte da frente no chão, enquanto mantém o peso do corpo na perna esquerda. No *brush*, não há transferência de peso, e o movimento é realizado pelos tornozelos, não pelos joelhos.[12]	*Brush*

---

[12] N.C.T.: Para o movimento de *brush* podemos também utilizar a articulação coxofemoral e os joelhos, e não os tornozelos, que devem permanecer relaxados.

Chug

O passo foi batizado por causa do som que produz. Você pode realizá-lo com os dois pés ou um só.

Contagem	Posição dos pés	Comando
1	Para um *chug* com os dois pés, comece com o peso do corpo na parte da frente dos pés. Deslize para a frente, forçando os dois calcanhares para baixo. Na posição final, o peso deve ficar nos calcanhares e na parte da frente dos pés. Para um *chug* usando um pé só, comece com o peso na parte da frente do pé direito e o calcanhar elevado. Deslize para a frente, forçando o calcanhar direito para baixo. Na posição final, o peso do corpo fica distribuído no pé direito.	*Chug*

Scuff

É semelhante ao *brush*, mas você bate o calcanhar para a frente. Pense em esfregar o chão com o calcanhar.

Contagem	Posição dos pés	Comando
1	Comece com o peso do corpo nos dois pés. Levante o pé direito e bata a ponta do calcanhar direito no chão. Não transfira o peso.	*Strike*

Stamp

O *stamp* usa o pé inteiro e há transferência de peso.

Contagem	Posição dos pés	Comando
1	Comece com o peso do corpo nos dois pés. Levante o pé direito e bata com ele inteiro no chão, enquanto transfere o peso do lado esquerdo para o direito.	*Stamp*

Stomp

É como o *stamp*, mas não há transferência de peso.

Contagem	Posição dos pés	Comando
1	Comece com o peso do corpo nos dois pés. Levante o pé direito, bata com ele inteiro e, imediatamente, tire-o do chão.	*Stomp*

Passos de sapateado que produzem dois sons

Todos os passos seguintes possuem dois sons e evoluem a partir dos passos anteriores.

Ball-change

É um dos passos de dança mais usados. No *ball-change*, sempre haverá transferência (mudança) de peso ao usar a parte da frente do pé. Para realizá-lo, você simplesmente troca os pés, pisando com a parte da frente. É possível executar o *ball-change* de várias maneiras: cruzado atrás, cruzado na frente, de trás para a frente, separados ou da frente para trás. Este passo é feito com um ritmo irregular.

Contagem	Posição dos pés	Comando
1-& ou &-1	O *ball-change* simples começa com o peso do corpo nos dois pés. Levante o pé direito e encoste apenas a parte da frente no chão, à frente do pé esquerdo. Transfira o peso dos dois pés para a parte da frente do direito (**ball**). Em seguida, passe o apoio para o pé esquerdo (**change**). Agora todo o peso está no pé esquerdo, e o direito está pronto para realizar outro passo.	*Ball-change*

Flap

É a combinação de um *brush* e um *step*. Pode ser feito para a frente, para trás ou para o lado.

Contagem	Posição dos pés	Comando
&-1	Comece com o peso do corpo nos dois pés. Levante o pé direito e bata a parte da frente no chão (**brush**), depois transfira o peso da esquerda para a direita (**step**). Na maioria dos estilos, o calcanhar não encosta no chão.	*Brush-step* ou *flap*

Slap

É como um *flap*, mas não há transferência de peso. O passo pode ser realizado para a frente, para o lado ou para trás.

Contagem	Posição dos pés	Comando
&-1	Comece com o peso do corpo nos dois pés. Levante o pé direito e bata a parte da frente no chão. Mantenha o apoio na perna esquerda; não transfira o peso.	*Brush-toe* ou *slap*

Shuffle[13]

"*Shuffle off to Buffalo*" é uma canção tocada na versão de 1933 do musical *Rua 42*. *Shuffles* são simplesmente *brushes* feitos nas duas direções.

Contagem	Posição dos pés	Comando
&-1	Comece com o peso do corpo nos dois pés. Levante o pé direito e faça um *brush* para a frente, depois para trás.	*Brush-brush* ou *shuffle*

---

[13] N.C.T.: Para realizar o movimento de *shuffle* combinam-se dois *brushes*, um para a frente e um para trás, ligados em um só tempo.

Passos de sapateado que produzem três sons

Os passos seguintes combinam passos básicos para criar três sons.

Flap-heel

É a combinação de um *brush*, um *step* e um *heel drop*. Pode ser feito para a frente ou para trás.

Contagem	Posição dos pés	Comando
&-1, 2	Comece com o peso do corpo nos dois pés. Levante o pé direito e bata a parte da frente de leve à sua frente, fazendo um *brush*. Dê um passo com a parte da frente do pé direito e transfira o peso do pé esquerdo para a parte da frente do direito. Com o apoio na frente do pé, abaixe o calcanhar e transfira o peso para o pé inteiro.	*Flap-heel*

Shuffle-step

Combina dois *brushes* e um *step*, com transferência de peso.

Contagem	Posição dos pés	Comando
&-1, 2	Comece com o peso do corpo nos dois pés. Levante o pé direito e bata a parte da frente de leve à sua frente, depois atrás, fazendo um *brush*. Dê um passo com o pé direito, transferindo o peso do lado esquerdo para o direito. A maioria dos professores pede que você se apoie na parte da frente do pé ao realizar o passo.	*Brush, brush-step* ou *shuffle-step*

Shuffle-cross-step

É o passo principal do sapateado irlandês.

Contagem	Posição dos pés	Comando
&-1, 2	Comece com o peso do corpo nos dois pés. Levante o pé direito e bata a parte da frente de leve à sua frente, fazendo um *brush*, depois bata ao lado do pé esquerdo. Dê um passo com o pé direito à frente do esquerdo; finalize com o pé direito à frente do esquerdo.	*Brush-brush--cross-step* ou *shuffle-cross-step*

Cha-cha-cha

O passo vem do cha-cha, dança latina originária de Cuba. É chamado de *triplet* ou *step-step-step*. Pode ser feito para a frente, para o lado e para trás.

Contagem	Posição dos pés	Comando
1-&-2	Comece com o peso do corpo nos dois pés. Dê um passo para a direita, um para a esquerda e um para a direita.	*Step-step-step*

Chassé[14]

O *chassé* é como o *slide*; vem de *chase* (perseguir, em inglês). Na quadrilha, é chamado *sashay*. Você pode realizar este passo para a frente, para trás ou para o lado.

Contagem	Posição dos pés	Comando
1, &-2	Comece com o peso do corpo nos dois pés. Dê um passo para a direita, depois um passo com o pé esquerdo para tomar o lugar do direito (*chase*) e outro passo com o pé direito.	*Step, ball-change*

Riff[15]

O *riff* é ensinado de várias maneiras, dependendo do professor. Alguns vão fazê-lo com a ponta do pé, em vez de utilizar a parte da frente.

---

[14] N.C.T.: Movimento proveniente do *ballet* clássico.

[15] N.C.T.: O *riff* é mais conhecido como um passo que produz dois sons (*brush* + *scuff*). O movimento com três sons é chamado também de *riffle* (*riff* + *heel*), que alguns professores também chamam de *third*.

O *chassé* é como o passo *slide*.

Contagem	Posição dos pés	Comando
1, &-2	Comece com o peso do corpo nos dois pés. Faça um *brush* com o pé direito. Enquanto o pé estiver no ar, abaixe o calcanhar, deixando a parte da frente fora do chão. Enquanto o peso estiver no pé esquerdo, abaixe o calcanhar esquerdo.	*Brush, heel, heel*

Trenches

Os *trenches* têm duas variações: uma feita para trás e outra, para a frente. Para os iniciantes, a versão para trás é discutível. Alguns professores chamam esse passo de *falling off the log* [pular o tronco] ou *over the top* [no topo]. Nesta versão, você salta para a direita enquanto arrasta o pé esquerdo para trás; o braço esquerdo fica na frente enquanto o direito estiver atrás.

Contagem	Posição dos pés	Comando
&-1, &-2	Comece com o peso do corpo nos dois pés. Transfira o peso para o pé direito enquanto esfrega ou desliza o esquerdo para trás e aterrissa com o pé direito à frente. Alguns professores ensinam o *toe tip* com o pé esquerdo depois do salto à frente com o direito.	Desliza, *leap* ou desliza, *leap-toe*

Passos de sapateado que produzem quatro ou mais sons

Os passos seguintes combinam passos básicos e movimentos locomotores para produzir passos mais complexos. Os nomes de alguns desses passos foram criados por sapateadores famosos ou em homenagem a eles.

Buffalo (simples)[16]

A canção "*Shuffle off to Buffalo*" é a razão do nome desse passo.

Contagem	Posição dos pés	Comando
1, &-a-2	Comece com o peso do corpo nos dois pés. Eleve a perna esquerda e posicione-a na frente da canela direita. Salte do pé esquerdo para a parte da frente do direito (**contagem 1**). Com o peso no pé direito, faça um *shuffle* com o esquerdo, salte para a direita e aterrisse na parte da frente do pé esquerdo, enquanto o direito descansa na frente da canela esquerda (**&-a-2**).	*Leap, shuffle-leap*

---

[16] N.C.T.: Composto por *leap* + *shuffle* + *leap*, no qual o último *leap* é feito cruzando atrás.

Buffalo (duplo)[17]

É igual ao *buffalo* simples, mas começa com um *flap* e uma contagem extra.

Contagem	Posição dos pés	Comando
&-1,	Comece com o peso do corpo nos dois pés.	*Flap, shuffle-leap*
&-a-2	Eleve a perna esquerda e posicione-a na frente da canela direita. Faça um *flap* para a direita com o pé direito (*&-1*). Com o peso no pé direito, faça um *shuffle* com o esquerdo e salte com o direito, aterrissando com a parte da frente do pé esquerdo enquanto o direito descansa na frente da canela oposta (*&-a-2*).	ou *buffalo*

Cramp roll[18]

A invenção desse passo é creditada a John Bubbles, do duo de dança Buck and Bubbles. O som dele lembra o rufar de tambores.

Contagem	Posição dos pés	Comando
1-&-a-2	Comece com o peso do corpo nos dois pés e os joelhos flexionados. Pule, saindo do chão, e aterrisse na parte da frente do pé direito, depois na frente do pé esquerdo e, em seguida, desça o calcanhar direito e o esquerdo.[19]	*Toe-toe-heel-heel*

Essence soft-shoe time step: single front essence[20]

O termo *essence* está associado ao *soft-shoe*, que era originalmente dançado sem chapas de metal e se tornou popular nas *performances* de *vaudeville*.

---

[17] N.C.T.: Composto por *flap* + *shuffle* + *leap*, no qual o último *leap* é feito cruzando atrás.

[18] N.C.T.: Composto por *step* + *step* + *heel* + *heel*.

[19] N.C.T.: Refere-se ao *cramp roll* regular. Se inverter a ordem da descida dos calcanhares, tem-se o *cramp roll alternating*.

[20] N.C.T.: Composto por *step* + *brush* + *ball-change*, deslocando para o lado ou para a frente.

Contagem	Posição dos pés	Comando
1-&-a-2 3-&-a-4 5-&-a-6 &-a-7 &-a-8	Comece com o peso do corpo nos dois pés. Dê um passo à direita com pé direito (***step***) e faça um *brush* com o esquerdo na frente do direito (***brush***). Dê um passo com a parte da frente do pé esquerdo na frente do direito (***ball***). Levante o pé direito atrás do esquerdo e transfira o peso para o direito (***change***). Faça o movimento invertido, para a esquerda. Repita-o novamente para a direita. O pé esquerdo fica livre e você faz um *brush* para trás com a frente do pé esquerdo, eleva o direito e passa o peso para o pé direito (***change***). Em seguida, faça um *brush* com o pé esquerdo de novo na frente do direito enquanto dá um passo com a frente do pé direito (***ball***), transfere o peso para o esquerdo (***change***) e faz outro *brush* atrás com o pé esquerdo e um *ball-change*.	*Step-brush,* *ball-change* *Step-brush,* *ball-change* *Step-brush,* *ball-change* *Brush-ball-change* *Brush-ball-change*

Essence soft-shoe time step: double front essence[21]

É como o *single front essence*, mas começa com um *flap*, produzindo um som a mais.

Contagem	Posição dos pés	Comando
&-1-&-a-2 &-3-&-a-4 &-5-&-a-6 &-a-7-&- -a-8	Comece com o peso do corpo nos dois pés. Faça um *flap* à direita com o pé direito e um *brush* com o esquerdo na frente do direito. Dê um passo com a parte da frente do pé esquerdo na frente do direito (***ball***). Levante o pé direito atrás do esquerdo e transfira o peso para o direito (***change***). Faça a sequência invertida, para a esquerda. Repita-a para a direita; o pé esquerdo fica livre. Faça um *brush* para trás com a frente do pé esquerdo (***ball***), eleve o direito e passe o peso para o pé direito (***change***). Em seguida, faça um *brush* com o pé esquerdo de novo na frente do direito, dê um passo na frente do pé direito (***ball***), transfira o peso para o esquerdo (***change***) e faça outro *brush* atrás com o pé esquerdo e um *ball-change*.	*Flap,* *brush-ball-change* *Flap,* *brush-ball-change* *Flap,* *brush-ball-change* *Brush-ball-change,* *brush-ball-change*

---

[21] N.C.T.: Composto por *flap* + *brush* + *ball-change*, deslocando para o lado ou para a frente.

Falling off the log

Esse passo possui diversas versões. Uma delas consiste em um passo como o *grapevine* e outra, simplesmente em arrastar os pés para trás e bater a ponta. Alguns professores chamam esse passo de *trenches*. O *falling off the log* apresentado aqui descreve mais uma imagem do que um significado, que em português seria "pular um tronco".

Contagem	Posição dos pés	Comando
1, 2, 3, 4	Comece com o peso do corpo nos dois pés. Salte para a direita com pé direito enquanto estende a perna esquerda para a lateral. Ao cruzar a perna esquerda na frente da direita, pule com o pé esquerdo e estenda a perna direita para trás. Pule com o pé direito de novo para a frente e estenda a perna esquerda na lateral novamente. Pule com o pé esquerdo para a esquerda e dê um chute com a perna direita na frente da esquerda.	*Leap, leap,* chute, chute

Flap-ball-change

É a combinação de um *flap* e um *ball-change* e pode ser realizado em todas as direções.

Contagem	Posição dos pés	Comando
&-1, &-2	Comece com o peso do corpo nos dois pés. Faça um *brush* com a frente do pé direito e dê um passo para a direita (***flap***), depois leve a frente do pé esquerdo atrás do direito (***ball***) e transfira o peso para o pé direito (***change***).	*Brush-step, step-step* ou *flap, ball-change*

Going no place

É um dos muitos termos para o mesmo passo, e se refere à troca constante de um pé pelo outro.

Contagem	Posição dos pés	Comando
1, 2, 3, 4	Comece com o peso do corpo nos dois pés. Dê um passo à frente com o pé direito. Cruze o pé esquerdo por cima do direito. Leve o pé direito para o lado direito e dê um passo à esquerda com o esquerdo.	*Step,* cruza, *step, step*

Irish

É possível realizar esse passo para a frente, cruzando na frente ou cruzando atrás enquanto se desloca para trás.

Contagem	Posição dos pés	Comando
&-1, &-2	Comece com o peso do corpo nos dois pés. Faça um *shuffle* para a direita com o apoio no pé esquerdo, depois salte com o pé esquerdo e dê um passo com o direito, finalizando com o apoio no pé direito.	*Shuffle, hop-step*

Lindy (triplo)

O *lindy* é uma dança norte-americana usada no estilo *swing tap dance*.

Contagem	Posição dos pés	Comando
1, &-2, 3, 4	Comece com o peso do corpo nos dois pés. Leve o pé direito para a direita (**step**). Leve o pé esquerdo para a direita (**ball**) e o direito para a direita (**change**). Levante o pé esquerdo e cruze-o atrás do direito (**ball**), depois dê um passo no lugar com o pé direito (**change**).	*Step, ball-change, ball-change*

Mambo step

"*Papa loves mambo*" foi uma canção popular lançada em 1954 e gravada por Perry Como. O mambo é uma dança latina criada em Havana, com ritmo diferente, porque geralmente começa na contagem do 2.

Contagem	Posição dos pés	Comando
Segura 1, 2, 3, 4	Comece com o peso do corpo nos dois pés. Faça um *brush-step* ou leve o pé direito à frente começando na contagem do 2. Com o apoio no pé direito, eleve o esquerdo atrás e faça um *brush-step* ou dê um passo atrás e depois faça um *brush* ou um *step*.	*Frente, trás, step, junta*

Maxie Ford

O passo recebeu esse nome em homenagem ao sapateador Maxie Ford, membro do grupo de *vaudeville* The Four Fords, que tinha com o irmão Edwin e as irmãs Dora e Mabel Ford.

Contagem	Posição dos pés	Comando
1-&-2-&-3	Comece com o peso do corpo nos dois pés. Salte (1) ou fique com o apoio na parte da frente do pé direito. Faça um *shuffle* (&-2) com o pé esquerdo enquanto o apoio está no direito, salte (&) do pé direito para a parte da frente do esquerdo e bata a ponta (3) do pé direito atrás do esquerdo. Não há transferência de peso do pé esquerdo para a ponta do pé.	*Leap, shuffle, leap, toe tip*

Military cramp roll

Esse passo tem vários estilos e é ensinado de diversas maneiras. O seguinte é parecido com o *cramp roll* regular, mas começa com um *brush*.

Contagem	Posição dos pés	Comando
&-1-&-a-2	Com o peso do corpo nos dois pés, faça um *brush* com o pé direito para a frente e pare com o apoio na frente do pé (*flap*). Dê um passo com a parte da frente do pé esquerdo e desça o calcanhar direito, depois o esquerdo.	*Brush, toe, toe, heel, heel*

Paddle turn

Envolve um giro, portanto, vale a pena aprender a técnica de *spotting* (ver *Spotting*, adiante neste capítulo). Você pode realizar um *paddle turn* para a frente ou para trás. Dependendo do professor e do estilo de sapateado, o passo pode consistir apenas em um *ball-change* ou *flap-ball-change*.

Contagem	Posição dos pés	Comando
1 &-2-&-3, &-4 (steps) ou &-1, &-a-2-&-a-3 &-a-4 (flaps)	Comece com o peso do corpo nos dois pés. Vire pela frente à direita. Dê um passo ou *flap* para a direita com o pé direito enquanto gira para a direita. Durante o giro, dê um passo ou *flap* com a parte da frente do pé esquerdo e transfira o peso para o pé direito. Repita mais duas vezes. Você vai realizar um giro completo.	*Step, ball-change, ball-change, ball-change* ou *flap, brush, ball-change, brush, ball-change, brush, ball-change*

```
        1
& 4      
         & 2
   & 3
```

Pivô

É usado em vários esportes, principalmente no basquete. Permite que o jogador se desloque de uma direção para outra sem ser penalizado por andar com a bola. Na dança, o pivô é o mesmo tipo de movimento.

Contagem	Posição dos pés	Comando
1, &-2	Comece com o peso do corpo nos dois pés. Dê um passo à frente com o pé direito enquanto mantém o apoio nos dois pés em quarta posição paralela. Com o peso na parte da frente dos pés, mude sua posição da frente para a esquerda, virando-se para trás. Finalize o movimento com o peso do corpo no pé esquerdo, ainda em quarta posição paralela.	*Step*, pivô, gira

Tesoura

Esta é apenas uma variação do passo, que pode receber outro nome. Há uma dança tradicional no Peru chamada dança tesoura, que é uma espécie de *break*, mas usando o passo tesoura. Outro passo tesoura, mais avançado, é um *shuffle* com o pé direito, depois com a ponta do pé direito, a ponta do pé esquerdo, um *toe heel* com o pé direito e um *stamp* com o esquerdo.

Contagem	Posição dos pés	Comando
&-1, &-2	Comece com o peso do corpo nos dois pés. Transfira o peso para a esquerda enquanto salta para a direita com o pé direito. Cruze e salte com o pé esquerdo na frente do direito. Salte outra vez com o pé direito para a direita e finalize com o calcanhar esquerdo para a esquerda.	*Leap, cross-heel*

Shim sham

Esta é a variação simples do *shim sham* para iniciantes.

Contagem	Posição dos pés	Comando
8-&-1 2-&-3 4-&-5-& 6-&-7	Comece com o peso do corpo nos dois pés. Faça um *shuffle* para a direita e dê um passo para a direita apoiando-se na parte da frente do pé. Faça um *shuffle* para a esquerda e dê um passo para a esquerda apoiando-se na parte da frente do pé. Faça um *shuffle-ball-change* com o pé direito e um *shuffle* para a direita, pisando com a parte da frente do pé.	*Shuffle-step* *Shuffle-step* *Shuffle-ball-change* *Shuffle-step*

Sugars

São usados em várias danças e podem ser realizados em qualquer direção.

Contagem	Posição dos pés	Comando
1, 2, 3, 4	Com o peso do corpo nos dois pés, pise com a frente do pé direito, com o calcanhar virado para dentro e a ponta do pé para fora. Apoiando-se na parte da frente do pé direito, vire a ponta do pé para dentro enquanto o calcanhar gira para fora.	*Twist, twist*

Susie Q

É um passo usado no *lindy hop*, conhecido como *heel twist* ou *grind walk*. A canção "*Doin' the Suzie Q*" era popular nos anos 1930. Outro nome para esse passo é *stick in the mud*.

Contagem	Posição dos pés	Comando
1, 2, 3, 4	Comece com o peso do corpo nos dois pés. Faça um *stamp* com o pé direito próximo à frente do pé esquerdo. Transfira o peso para o calcanhar direito, enquanto movimenta a ponta do pé da esquerda para a direita. Finalize com um *step* com o pé esquerdo. Leve esse pé para a esquerda enquanto eleva a parte da frente do pé direito, e balance para o lado direito.	*Step, twist*

Three-step turn

É possível realizar o passo em qualquer direção.

Contagem	Posição dos pés	Comando
1	Comece com o peso do corpo nos dois pés. Dê um passo à direita com o corpo virado para esse lado e leve o pé esquerdo para a direita. Complete o giro fazendo um *step* com o pé direito virado para a mesma direção em que começou. O movimento consiste em um giro completo com três passos.	*Step*
2		*Step*
3, segura 4		*Step*

Single time step – buck time step[22]

Time steps são a base do sapateado e existem muitas variações, que existem há tanto tempo quanto o sapateado. O *single time step* consiste em um *step* com um único som.

---

[22] N.C.T.: Chama-se de *time steps* uma sequência de passos que, normalmente, repete-se várias vezes. A mais conhecida, chamada de *time step* simples, seria composta por *shuffle hop + step + flap step*, cuja contagem é 8 & 1-2 & 3 &.

Contagem	Posição dos pés	Comando
8, 1, &-a-2, &-3	Comece com o peso do corpo nos dois pés. Transfira o apoio para a esquerda e faça um *stomp* para a direita (8). Salte (1) com o pé esquerdo e faça um *shuffle* (&-a)-*step* para a direita (2), um *step* para a esquerda (&) e um *step* para a direita (3).	*Stomp, hop, shuffle-step, step-step*

Double time step

Consiste em um *flap*, que dá dois sons ao passo.

Contagem	Posição dos pés	Comando
8, 1, &-a-2, &-a-3	Comece com o peso do corpo nos dois pés. Transfira o apoio para o esquerdo e faça um *stomp* com o direito. Salte com o pé esquerdo e faça um *shuffle-step* para a direita, um *brush-step* para a esquerda e um *step* para a direita.	*Stomp, hop-shuffle-step, flap-step*

Triple time step

Consiste em um *shuffle* em três contagens.

Contagem	Posição dos pés	Comando
8, 1, &-a-2, &-a-3, &	Comece com o peso do corpo nos dois pés. Transfira o apoio para a esquerda e faça um *stomp* para a direita. Salte com o pé esquerdo e faça um *shuffle-step* para a direita, um *shuffle-step* para a esquerda e um *step* para a direita.	*Stomp, hop-shuffle-step, shuffle-step, step*

Waltz clog time step single

É tão simples quanto o *step-shuffle-ball-change*. Alguns professores ensinam esse passo começando com um salto; outros ensinam o *shuffle* feito ao lado do pé de apoio, como o *Irish*. O principal a ser lembrado é dar o passo na direção em que se quer ir.

Contagem	Posição dos pés	Comando
1 &-2 &-3	Comece com o peso do corpo nos dois pés. Dê um passo e salte para a direita com o pé direito. Faça um *shuffle* (*brush-brush*) com o pé esquerdo virado para a direita do palco, depois bata a parte da frente do pé esquerdo atrás do direito. Transfira o peso do pé esquerdo para o direito. Outra forma de executar esse passo é cruzar o pé esquerdo ao fazer o *shuffle*, pisando à frente do pé direito e trocando atrás do pé esquerdo.	*Leap* ou *step* *Shuffle* *Ball-change*

▶ Outros passos

Os passos seguintes, combinados a outros de sapateado, ajudam a adicionar estilo e elegância a qualquer combinação. Esses passos ou movimentos produzem pouco ou nenhum som.

Knee bounces

São usados com outros passos, para acrescentar estilo, mas não produzem som.

Contagem	Posição dos pés	Comando
1, 2 ou 1-&	Com o peso nos dois pés, flexione e estenda os joelhos, abaixando e levantando o corpo.	*Bounce, bounce*

Knee pops

Knees pops acrescentam estilo à dança, e são comumente usados na **legomania**.

Contagem	Posição dos pés	Comando
1-&-2-&	Com o peso do corpo nos dois pés, eleve os calcanhares enquanto projeta o corpo à frente, depois abaixe os calcanhares rapidamente.	*E pop, e pop*

Lunge

Você pode acrescentar o *lunge* no início, durante ou no fim de uma combinação de sapateado. É possível produzir um som com o *lunge* incorporando um passo antes ou depois dele.

Contagem	Posição dos pés	Comando
1 ou &-1	Com o peso do corpo nos dois pés, dê um passo em qualquer direção com o joelho flexionado, enquanto mantém a outra perna estendida.	*Lunge*

Passé[23]

Passé quer dizer passar. Pense em passar seu pé por cima da perna.

Contagem	Posição dos pés	Comando
&-1	Comece com o peso do corpo nos dois pés. Deslize o pé direito (em ponta) pela perna esquerda, subindo até a altura do joelho. Você pode realizar esse movimento com os pés virados para fora ou paralelos.	*Passé*

---

[23] N.C.T.: Movimento proveniente do *ballet* clássico.

Giro lápis

Esse passo é ensinado de diversas formas diferentes. Ele pode ter um som de arrastar interessante para ser acrescentado a qualquer combinação.

Contagem	Posição dos pés	Comando
1 & 2	Comece com o peso do corpo nas duas pernas. Usando a técnica de *spotting* para girar (ver *Spotting*, adiante neste capítulo), dê um passo com o pé direito e vire no sentido horário, arrastando a ponta do pé esquerdo atrás do direito durante o giro. Você também pode executar o giro lápis ao virar para trás: dê um passo com o pé direito e gire no sentido anti-horário a partir do pé esquerdo, arrastando-o durante o giro.	*Step*, arrasta, gira

Shimmy

O *shimmy* é executado com vários passos e consiste apenas na movimentação dos ombros em direções opostas.

Contagem	Posição dos pés	Comando
&-1 &-2	Os pés não trabalham neste movimento. Comece com os ombros relaxados. Leve o ombro direito à frente, com o braço para baixo, ao mesmo tempo que leva o ombro esquerdo para trás, com o braço abaixado. Inverta o movimento. Comece devagar e vá pegando o ritmo.	*Shimmy*

Giro

Também chamado de *spin,* é um giro com o peso do corpo nos dois calcanhares, nas duas pontas dos pés ou nos pés inteiros. Também pode ser realizado em um pé só.

Contagem	Posição dos pés	Comando
&-1, 2	Giro em um pé: com o peso do corpo nos dois pés, dê um passo à direita com o pé direito e gire com o pé direito. Giro em dois pés: com o peso do corpo nos dois pés, dê um passo à direita com o pé direito e rapidamente coloque o pé esquerdo ao lado do direito enquanto gira.	Gira, gira

Spotting

Trata-se de uma técnica que usa a cabeça e o olhar para evitar ficar tonto ao girar. O *spotting* oferece orientação constante de onde você se encontra na sala ou no palco. A cabeça gira bem mais rapidamente do que o corpo durante um giro e, quando para, fixa o olhar em um ponto na parede ou um objeto no estúdio.

Contagem	Posição dos pés	Comando
&-1, &-2	Os pés podem fazer qualquer tipo de giro. Foque o olhar em um ponto na sala. Ao virar, mantenha o olhar nesse ponto até precisar girar a cabeça. Gire a cabeça rapidamente e volte o olhar outra vez para o ponto de referência.	Olha-chicote, olha-chicote

Sway

O *sway* é um passo simples, que consiste em transferir o peso rapidamente da direita para a esquerda, ou o contrário.

Contagem	Posição dos pés	Comando
&-1, 2	Comece com o peso do corpo nos dois pés. Transfira o peso para o pé direito dando um passo com esse pé para a direita ou apenas flexionando o joelho direito sem tirar o pé do chão.	*Sway, sway*

Resumo

Este capítulo introduziu elementos de dança e uma progressão dos passos básicos de sapateado. Todos os passos de sapateado derivam de movimentos locomotores ou de passos básicos com apenas um som. Quando for aprender os passos mais complexos, reveja os básicos. O sapateado incorpora não apenas passos, mas também contagens certas e ritmo. É melhor começar com passos básicos e contagens ou ritmo corretos antes de partir para passos mais complicados.

6
Desenvolvimento da técnica de sapateado

Além de atividade física, o sapateado também é uma forma de arte. Toda aula exige esforço físico, concentração, paciência e comprometimento. O sapateado também é uma atividade divertida, prazerosa e sonora. Com a prática, você aprende a usá-la para se expressar por meio de combinações simples, com postura e sons corretos. Com tempo e atenção, consegue progredir para movimentos mais complexos. É uma atividade que oferece retorno imediato: você logo descobre se o que está fazendo está certo ou errado. Sapatear não é apenas executar os passos corretamente, mas também produzir sons e ritmo de maneira certa. Embora o sapateado não demande alguns dos movimentos extremos vistos em outras formas de dança, requer uma estrutura de aula lógica, que permite aprender e desenvolver a técnica correta, além de oferecer um meio seguro de evoluir como bailarino. Essa estrutura começa com preparação e aquecimento adequados. Dependendo do estilo e das preferências individuais, os professores estruturam suas aulas de um jeito próprio. Este capítulo oferece uma amostra da estrutura de aula que pode diferir daquela usada pelo professor.

Preaquecimento

Exercícios de preaquecimento são atividades que preparam o corpo para o aquecimento. Dependem da idade, da aptidão e da condição de saúde atual ou histórico de lesões. Podem ser simples, como uma caminhada rápida de 5 minutos ou alguns alongamentos leves. O professor pode sugerir exercícios específicos ou você pode realizar alguns que já tenha praticado para outras atividades físicas. Entre os exercícios de preaquecimento podem estar os seguintes:

- Apoiando-se em uma cadeira, barra ou parede, faça extensões e flexões dos pés, para despertá-los, levantando e abaixando os calcanhares. Flexione e estenda 10 vezes cada pé.
- Faça 10 elevações de calcanhar com a perna estendida (*relevés*).
- Ainda se apoiando na barra, cadeira ou parede, erga um dos joelhos até a altura do peito ou cintura e segure-o por 3 a 5 segundos. Desça a perna e eleve o outro joelho. Faça 4 vezes esse exercício.
- Realize 10 agachamentos ou flexões de joelho.

Aquecimento

O aquecimento prepara o corpo para o treino. Ele tem de elevar a temperatura corporal e ser específico para o tipo de aula. Apesar de alguns professores usarem a parte da aula destinada ao aquecimento para realizar um alongamento intenso, não é o mais recomendado, porque os músculos precisam estar devidamente aquecidos para garantir um alongamento seguro. Depois do aquecimento, que geralmente leva de 5 a 7 minutos, você deve sentir seu corpo aquecido, mas não a ponto de transpirar demais. O aquecimento geralmente é feito descalço. Alguns alunos se sentem desconfortáveis de andar sem sapatos; se for o caso, use meias antiderrapantes. Exercícios de aquecimento podem incluir os seguintes:

- Caminhe na diagonal da sala, acompanhando a batida da música; repita andando para trás.
- Caminhe na diagonal da sala na ponta dos pés; repita andando para trás.
- Caminhe na diagonal da sala fazendo movimentos ponta do pé-calcanhar; repita andando para trás.
- Caminhe na diagonal da sala fazendo movimentos calcanhar-ponta do pé; repita andando para trás.
- Salte na diagonal da sala; repita andando para trás.
- Faça outros movimentos locomotores básicos na diagonal da sala.

Exercícios isolados fazem parte do aquecimento. Embora sejam mais associados ao *jazz* e à dança moderna, podem beneficiá-lo como iniciante no sapateado. Eles treinam seu corpo para perceber como se move em diversas direções e, assim, trabalham a coordenação. Esses exercícios podem ser realizados antes ou depois dos movimentos locomotores, no centro da sala, e incluem os seguintes:

- **Pescoço:** em pé, com o peso do corpo distribuído igualmente nas duas pernas. Gire a cabeça para olhar para a direita e, depois, para a esquerda, quatro vezes. Com os ombros abertos e o tronco ereto, olhe para baixo, para a frente e para cima, quatro vezes.
- **Ombros:** gire-os para trás e para a frente quatro vezes. Gire o ombro direito para a frente, enquanto o esquerdo gira para trás, quatro vezes, depois inverta os movimentos.
- **Caixa torácica:** sem mover os ombros e os quadris, faça o seguinte:
  - Mova apenas a caixa torácica para a direita, depois para a esquerda, quatro vezes.
  - Mova apenas a caixa torácica para a frente, depois para trás, quatro vezes.
  - Mova apenas a caixa torácica em círculo: para a direita, para trás, para a esquerda e para a frente, quatro vezes. Depois, faça o movimento inverso.
- **Quadris/pelve:** sem mover o resto do corpo, faça o seguinte:
  - Transfira o peso do corpo para a perna direita e projete o quadril para a direita; balance quatro vezes e faça o mesmo movimento para a esquerda.
  - Transfira o peso do corpo para a perna direita e mova os quadris em círculo quatro vezes, depois repita para o outro lado.
  - Faça um círculo com a pelve sem mover as pernas e a parte superior do corpo.
  - Mova a pelve para a frente e para trás; pense em empurrar os quadris (frente), depois puxar (trás).
- **Pernas:** com o peso do corpo na perna direita, gire a esquerda em direção ao centro do corpo e para fora quatro vezes; depois faça o movimento inverso. Com a perna direita girando em direção à cintura, apoie o calcanhar no chão e flexione o joelho. Repita quatro vezes e troque de lado.
- **Tornozelos e pés:** com o peso do corpo no pé esquerdo, faça um círculo em sentido horário com o pé direito, movendo a perna para a frente, para o lado e para trás. Inverta o movimento, fazendo um círculo em sentido anti-horário, começando com a perna atrás, do lado e na frente. Repita com a outra perna. Em seguida, com o peso do corpo no pé esquerdo, estenda e flexione o pé direito enquanto movimenta a perna para a frente, para o lado e para trás. Inverta o movimento: para trás, para o lado e para a frente. Repita com a outra perna.

Na barra

A barra é usada para trabalhar a técnica de sapateado graças ao lendário professor Al Gilbert, que desenvolveu mais de 1.000 classificações de dança para professores e alunos (Rowan, 2003), a maioria ensinada como exercícios na barra. Nem todos os professores usam a barra nas aulas, mas o equipamento oferece muitos benefícios para melhorar a técnica e o equilíbrio. Este capítulo enfatiza postura correta, execução, técnica e precisão durante o treino na barra, a fim de ajudá-lo a melhorar a noção de alinhamento de pernas, tronco, braços e cabeça.

> **Dica técnica**
>
> Nos exercícios na barra, mantenha a cabeça erguida e olhe para a frente. Bailarinos iniciantes têm o costume de olhar para os pés. Embora seja compreensível – a maior parte da ação se dá nos seus pés –, é bom evitar o hábito de olhar para baixo. Não apenas é esteticamente feio e prejudica o alinhamento da postura, mas é também desnecessário. Seu corpo tem a capacidade de comunicar uma ideia de posição sem que seja preciso olhar para ele.

A utilização da barra melhora o equilíbrio, principalmente de alunos iniciantes. Equilíbrio envolve o centro de gravidade acima das pernas, que funcionam como sua base de apoio. Em pé, é mais fácil se equilibrar com as pernas afastadas porque você tem uma base maior de apoio. No sapateado, é preciso conseguir se equilibrar em uma perna só e apenas na parte da frente do pé. Isso pode ser um problema para principiantes. Visão, sentido vestibular (do ouvido interno) e propriocepção também contribuem para o equilíbrio. Os proprioceptores enviam e recebem impulsos do sistema nervoso com a posição de todas as partes do corpo durante um movimento. Quanto mais treinar os proprioceptores, melhor será seu equilíbrio. Exercícios na barra ajudam nesse tipo de treinamento.

Comportamento na barra

Seguir os padrões de comportamento na barra mantém a aula segura e organizada. Na barra, geralmente são feitos exercícios com a perna direita primeiro e, quando você troca de lado, sempre vira na direção da barra.

Fique com o lado esquerdo voltado para a barra, de modo que o pé direito fique afastado dela. O pé direito é considerado o pé em atividade quando o peso do corpo estiver no esquerdo. Com o corpo ereto, apoie levemente a mão esquerda na barra, um pouco à frente do corpo. Estenda o braço direito para fora ou coloque a mão (aberta ou fechada) no quadril (ver Fig. 6.1). A mudança para o outro lado geralmente começa na

Figura 6.1   Posição correta na barra.

contagem até 5, com a parte da frente do pé em atividade atrás do pé de apoio, seguida por uma *mudança* no 6. No 7, o peso do corpo passa para o pé longe da barra, você dá um passo e vira o corpo em direção à barra. No 8, você tem um novo pé na barra, isto é, um novo pé em atividade.

Exemplos de exercícios na barra

Exercícios na barra geralmente começam com *nerve taps*, que são feitas batendo a parte da frente do pé de trabalho o mais rápido possível e o calcanhar quase tocando o chão. Essas batidas são realizadas para a frente, para o lado, para trás e para o lado outra vez, finalizando com uma virada *ball-change* (*step-step*) para o outro lado. Esse passo recruta o músculo tibial anterior (canela) e é uma ótima maneira de aquecer a parte inferior da perna.

Em seguida, faça um *brush* simples com um som, executando de quatro a oito *brushes* para a frente, para o lado e para trás. Exercícios na barra evoluem com variações simples. Por exemplo, retorne ao primeiro lado e realize os *brushes* de novo em quatro contagens para cada lado, depois acrescente um *ball-change*, vire para o outro lado e repita o exercício com a outra perna. Outros exercícios na barra incluem passos que produzem um som, como *heels*, *scuffs* e *stamps*, e com dois sons, como *shuffles* e *flaps*.

Exercícios na barra ajudam no processo de desenvolver passos mais complexos a partir de passos simples usando um ou dois sons, com o benefício de ter a barra para equilíbrio. Quanto mais você pratica exercícios nela, melhor desenvolve habilidades de equilíbrio que vão prepará-lo para realizar os mesmos movimentos mais tarde sem a barra. Outro uso importante do acessório é para trabalhar passos bastante complexos como *jumps* e *leaps*. A barra ajuda a utilizar técnicas de aterrissagem corretas, com segurança e clareza.

Na diagonal

Embora os exercícios na barra tenham muitos benefícios, podem limitar a mobilidade. Acrescentar movimentos locomotores aos passos praticados na barra ajuda a desenvolver equilíbrio e coordenação. Isso também permite que você se desloque livremente no espaço; para a maioria dos alunos, é a parte favorita da aula. Os passos exercitados na diagonal são geralmente aqueles que necessitam ser revisados. Na verdade, como há um limite para se aprender novos passos em todas as aulas, muitos alunos se concentram em rever aqueles aprendidos anteriormente. A prática consistente desses passos auxilia no aprendizado de novos passos. Durante o aprendizado, o cérebro tenta acrescentar informações ao conhecimento ou à experiência já existente. Quanto mais experiência de movimento tiver, mais o cérebro consegue absorver.

> **Atividade**
>
> **Pratique a postura fora da aula**
>
> O alinhamento correto do corpo tem de ser praticado ao longo do dia, e não apenas na aula de dança. Peça a um amigo para corrigi-lo quando perceber que está arqueando as costas ou curvando os ombros muito para a frente. Imagine uma linha reta do lóbulo das suas orelhas até os ombros, passando pela cintura, joelhos, tornozelos e arco dos pés. Cheque seu alinhamento durante o dia até aprender a autocorrigir-se quando necessário.

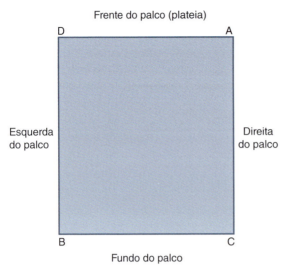

Figura 6.2 Direções do palco.

Dependendo do espaço disponível, o professor pede aos alunos que realizem os passos desde um canto da sala até o canto oposto. Para sua localização no espaço e segurança, você deve aprender as direções de palco (Fig. 6.2) antes de se deslocar na diagonal ou fazer exercícios de centro. Ao realizar exercícios na diagonal, comece na frente do palco (A) e execute os passos em direção à esquerda no fundo do palco (B). Então, caminhe da esquerda (B) à direita no fundo do palco (C). Depois, vá até a esquerda na frente do palco (D). Normalmente, você se desloca com um pequeno grupo de até cinco alunos na diagonal e completa o exercício na diagonal.

Passos simples na diagonal incluem *running flaps*, *shuffle-steps*, *shuffle-hop-cross-steps* e *flap-ball-changes*. Os passos realizados na diagonal geralmente são feitos de trás para a frente também. Outras combinações incluem giros e passos para a direita e a esquerda. Essas combinações simples na diagonal trabalham técnicas básicas apresentadas na barra. Também é uma ótima oportunidade para repassar outros passos ensinados em aulas anteriores.

No centro

O trabalho de centro é o ponto alto da aula. É o momento em que são ensinadas, revisadas e executadas novas combinações e passos de sapateado. Dependendo do espaço, você pode ficar de frente para os espelhos e, junto com seus colegas, posicionado em fileiras. Embora os iniciantes costumem evitar as fileiras da frente, esse é o melhor lugar para enxergar o professor, principalmente se você for mais baixo do que os demais alunos. O professor fica à frente da sala para ensinar e revisar os passos. Quando ele estiver apresentando um novo passo, pare de conversar e se movimentar para prestar atenção às instruções verbais e visuais. É difícil ver e ouvir se os alunos estiverem sapateando ou conversando enquanto o professor está explicando. Quando o professor pedir para realizar um passo novo, tente. Lembre-se de que é a sua oportunidade de transferir dicas visuais e de linguagem para sua percepção cinestésica; é quando você aprende fazendo. Dançar na frente da sala pode ser assustador e intimidador, mas o professor, que está ali para ajudá-lo, é a única pessoa o assistindo dançar. Os outros alunos estão focados no que estão fazendo, não no que você está fazendo.

Você geralmente tem alguns minutos para praticar novas combinações ensinadas. Alguns alunos trabalham em pequenos grupos, outros preferem trabalhar sozinhos. Descubra o que funciona melhor para você. Se tiver perguntas, pode ser tentador fazê-las imediatamente ao professor. Entretanto, espere o momento reservado para responder dúvidas ou converse com ele após a aula. Professores têm a difícil tarefa de garantir que as instruções não sejam lentas demais e tornem a aula entediante, nem sejam rápidas demais e deixem a turma frustrada. Você pode aprender mais depressa do que os outros ou ter dificuldade com a maior parte dos passos. De qualquer modo, seja paciente e lembre-se de que cada um tem necessidades individuais. As suas serão atendidas no momento certo. O professor pode deixar que você trabalhe com um parceiro ou em grupo para praticar passos difíceis ou passos com os quais você precisa de ajuda.

> **Dica técnica**
>
> Não importa qual seja a combinação, praticar é a melhor maneira de aprender. Além disso, revise os passos básicos toda semana para aprimorar sua técnica. Lembre-se de que todas as combinações complicadas vêm dos passos básicos que você praticou na barra e na diagonal da sala. Quanto mais praticar, mais fácil e divertido se tornará o sapateado.

Relaxamento

É tão importante quanto o aquecimento. Dependendo da intensidade do trabalho de centro, essa etapa deve durar por volta de 5 minutos. O relaxamento desacelera os batimentos cardíacos e é o momento perfeito para fazer alongamento. O acúmulo de ácido lático nos músculos pode resultar em dor leve ou severa, e o alongamento é a melhor maneira de reduzir a intensidade da dor, chamada de dor muscular tardia. Muitos bailarinos alongam apenas as pernas, mas isso é um erro. É preciso alongar todos os grandes grupos musculares para garantir saúde e amplitude de movimento. Para melhorar a flexibilidade (ou seja, aumentar a amplitude de movimento), você deve realizar um alongamento estático. Alongamentos explosivos, que consistem em movimentos rigorosos e rítmicos, podem ativar o reflexo de alongamento, que faz com que os músculos contraiam em vez de relaxar, elevando o risco de lesões musculares. O correto é fazer o alongamento apenas até o ponto de tensão moderada, não de dor, e segurá-lo por 15 a 30 segundos. Lembre-se de respirar enquanto alonga, pois isso ajuda a relaxar ainda mais os músculos, além de reduzir qualquer desconforto que você possa sentir no início do alongamento. A Figura 6.3 mostra exercícios de alongamento realizados na aula de sapateado.

Figura 6.3 Alongamentos feitos na aula de sapateado: (a) pescoço; (b) ombros.

(*continua*)

Figura 6.3 (*continuação*) (*c*) tríceps; (*d*) bíceps; (*e*) peito; (*f*) costas; (*g*) laterais do corpo; (*h*) isquiotibiais.

(*continua*)

Figura 6.3 (*continuação*) (i) parte interna das coxas; (j) região tibial; (k) panturrilhas.

Resumo

Este capítulo apresentou a estrutura ou o panorama da aula de sapateado, do preaquecimento ao relaxamento. Cada professor ensina sapateado de uma forma diferente e pode ou não usar alguns ou todos os exemplos mostrados neste capítulo. Cada elemento da aula de sapateado explicado aqui ajuda a evoluir de passos básicos, que produzem um único som, a passos mais complexos e combinações. Quanto mais você praticar os passos básicos dentro e fora da aula, mas fáceis se tornam as combinações.

7
História do sapateado

A invenção do sapateado geralmente é creditada aos afro-americanos. Um olhar para a história mundial da dança comprova que, embora os afro-americanos sejam responsáveis pela popularidade do que hoje é conhecido como sapateado, a rica história da dança remonta a milhares de anos atrás. Muitos grupos, nações e culturas contribuíram para a formação do sapateado, e vários estilos surgiram ao longo dos séculos. Hoje, grupos de todas as idades apreciam o sapateado como uma arte performática em espetáculos e musicais, como atividade recreativa, como disciplina acadêmica em escolas e universidades e de outras maneiras.

Este capítulo demonstra que a singularidade do sapateado está diretamente relacionada à diversidade de grupos étnicos que contribuíram para seu formato atual. Ele o conduz ao longo da extensa jornada da criação do sapateado, desde o *Irish jig* e o *hornpipe* inglês até os passos de dança dos africanos e nativos norte-americanos. Conhecer a história do sapateado pode fazer com que você aprecie e se conecte mais com essa forma única de atividade física e arte expressiva.

Dança irlandesa

Mais de 2000 anos atrás, os celtas introduziram um estilo único de dança folclórica na Irlanda. Essas danças circulares eram realizadas como rituais religiosos para reverenciar seus deuses. No século XV, a dança irlandesa ganhou batidas com os pés, passos rasteiros e saltos (Knowles, 2002). No meio do século XVI, o *Irish hey* (que evoluiu para o *reel* de hoje) era apresentado à corte da rainha Elizabeth. O *Irish jig*, que quer dizer saltar, tem origem na Inglaterra e era exibido na corte elizabetana (Knowles, 2002). **William Kemp**, um dos artistas de *Irish jig* mais famosos (1600), ficou mais conhecido como Peter, na peça *Romeu e Julieta* (Collier, 1853). Ele concluía cada apresentação com um *Irish jig*, que era conhecido como *Kemp's Jigge* (Knowles, 2002).

A popularidade da dança irlandesa no século XVIII foi creditada aos mestres da dança. Esses professores irlandeses viajavam aos vilarejos locais para ensinar dança aos camponeses (Knowles, 2002). Nos anos 1840, um terço da população da Irlanda era totalmente dependente da produção de batatas como fonte de alimento. Nessa época, uma praga nas plantações de batatas levou à Grande Fome, e um milhão de pessoas morreu, enquanto outras fugiram para os Estados Unidos (Oxford, 1996). Os mestres de dança também fugiram e a maioria foi parar em Nova York. O *Irish jig*, que chegou com esses imigrantes, logo se misturou a outras culturas, como a dos escravos afro-americanos libertados de Five Points, um bairro pobre em Nova York (Alan, 2007).

Step dance inglês

O *clog dancing*, ou *step dance* inglês, tem origem nas trabalhadoras dos moinhos, que imitavam os sons dos teares de algodão com seus tamancos. *Clogs* eram sapatos com sola de madeira usados para proteger os pés dos mineiros e trabalhadores dos moinhos. Durante as pausas no expediente, eles dançavam o *reel* e o *Irish jig*. Os concursos de *Irish jig* definiam quem conseguia fazer os melhores sons com os tamancos. Um bailarino de *clog* famoso, **Charlie Chaplin**, se apresentava em uma trupe chamada Seven Lancashire Lads, em 1897 (Tracey, 1993).

Dois outros tipos de dança inglesa eram o *hornpipe* e o *morris dance*. O *hornpipe*, batizado por causa da gaita de fole, simula atividades realizadas por marinheiros. O Capitão Hook pedia a seus marinheiros que dançassem *hornpipe* para combater o tédio e mantê-los saudáveis durante as viagens de navio (Inglehearn, 1993). O *morris dance* era tradicionalmente praticado como um ritual pagão por homens que pintavam o rosto de preto (Knowles, 2002). As faces escuras representavam máscaras, uma referência às minas de carvão ou à pele negra dos mouros (Knowles, 2002). Os rostos negros também estavam nos shows de menestréis norte-americanos do século XIX. O *morris dance* era semelhante à juba afro-americana (descrita adiante); os bailarinos batiam com as mãos e os joelhos em discos de madeira e sinos (Knowles, 2002).

Dança africana

Em muitas culturas africanas, a dança é parte integrante da vida. A dança se tornou uma forma de expressão, identidade e comunicação, principalmente na África Ocidental. O ritmo percussivo lembrava bastante o tom da fala (Hill e Sommer, 2006). O uso dos tambores em uma espécie de código Morse permitia a comunicação entre as tribos. Era uma forma de entretenimento e história oral. Os tambores africanos somavam múltiplos ritmos e os bailarinos se moviam ao som de cada um movendo uma parte diferente do corpo (ombros, braços, pelve, pernas e peito). As partes do corpo se moviam às camadas de ritmos, criando um estilo de dança único. *Hip hop*, o robô e o *lindy hop* têm seu rastro nas danças africanas. Vários aspectos da dança africana deram origem ao sapateado, como os passos com o pé inteiro no chão, deslizantes, embaralhados e arrastados junto com o ritmo musical sincopado, com ênfase na segunda e na quarta batidas (pulso fraco) (Hill e Sommer, 2006).

Nos anos 1500, escravos africanos foram trazidos para a América do Norte e do Sul e o Caribe. Os escravos levados à América do Sul e ao Caribe puderam dar continuidade a muitas de suas tradições de dança (Knowles, 2002). As três mais populares eram a *calenda*, a *chica* e a *juba*. A *calenda* era dançada em pares e tinha projeções da pelve, batidas nas coxas, saltos e giros. Era muito popular entre os africanos e foi banida pelos donos de escravos por conter movimentos lascivos. A *rumba* cubana é considerada descendente da *calenda* (Knowles, 2002). A *chica* também era uma dança em pares, que incluía rotações de quadris com a parte superior do corpo imóvel. A *juba* era uma dança competitiva realizada descalço e com movimentos da parte superior do corpo. Mais tarde, quando tapas e palmas foram inseridos como acompanhamento, o nome passou a ser *patting juba*.

A Rebelião de Stono, a maior revolta de escravos, aconteceu em 9 de setembro de 1739, na Carolina do Sul, nos Estados Unidos (Wood, 2006). Em resposta a essa rebelião, a colônia da Carolina do Sul estabeleceu o Ato Negro de 1740, que proibia negros de se reunirem em grupos, coletar alimentos, ganhar dinheiro e aprender a ler inglês (Wood, 2006). Acreditava-se que dança e percussão eram ferramentas importantes de

A dança africana é parte integrante das culturas africanas. É uma forma de expressão, identidade e comunicação.

comunicação que organizavam os detalhes da rebelião, e os escravos foram proibidos de tocar tambores ou berrantes. Essa suspensão das percussões deu origem ao uso de sons rítmicos de palmadas no corpo, batidas com os pés, *shuffles*, batidas de calcanhar e ponta do pé.

Em 1807, o comércio internacional de escravos foi banido e os norte-americanos donos de escravos venderam alguns de seus homens para outras plantações (Benton, 2011). Mais tarde, isso levou à mistura dos estilos de dança de várias tribos africanas com gêneros europeus. Os donos de escravos consideravam mais valiosos aqueles que sabiam dançar e os obrigavam a dançar quando estavam sendo vendidos. Os escravos apresentavam a *buck dance*, a *pigeons wing*, a *patting juba* e a *cakewalk* como entretenimento para os senhores e suas famílias (Knowles, 2002). Os donos de escravos agruparam todos os estilos de dança em uma categoria chamada *jig* e forçavam os escravos a fazer competições com trabalhadores de outras plantações (Knowles, 2002).

Dança nativa norte-americana

Antes da introdução da escravatura africana pelos europeus, algumas tribos norte-americanas usavam prisioneiros de guerra de outras tribos como escravos (Gallay, 2003). Quando os britânicos se estabeleceram nas colônias sulistas, algumas tribos venderam esses escravos. Nativos norte-americanos foram escravizados pelos brancos, o que transformou as relações tribais desses povos (Gallay, 2003). Antes de 1720, algumas colônias sulistas tinham mais escravos nativos norte-americanos do que africanos. Muitos escravos africanos escaparam e foram morar com os nativos norte-americanos. O comércio de escravos nativos norte-americanos acabou em 1750 por causa das Guerras Indígenas e da oferta crescente de escravos africanos. Durante esse período de transição, africanos e nativos norte-americanos compartilhavam alojamentos públicos e vários costumes (Donald, 1977).

A dança nativa norte-americana na América do Norte remonta a antes dos tempos pré-históricos (Bingaman, 2011). Assim como para os afro-americanos, a dança era parte importante da vida diária dos nativos norte-americanos. Muitas dessas danças ainda existem hoje e, diferentemente das batidas polirrítmicas da dança africana, a música nativa norte-americana tem uma batida regular 2/4 e os bailarinos respondem tanto à música vocal quanto à instrumental. Os estilos de dança variam de uma tribo para outra; são restritos e próximos ao chão, com bem poucos saltos e elementos acrobáticos.

A *stomp dance* Cherokee incorpora *shuffles* e *stomps* e é um estilo de dança improvisado do tipo "siga o líder", ligada à cerimônia do milho verde (Cherokee *stomp dance*, s.d.). Não há duas *stomp dances* iguais em coreografia ou batidas e a ordem dos bailarinos é homem-mulher em um círculo. Centenas de pessoas podem participar dessa dança de adoração, que é parecida com a antiga *running dance*.

Dança fantasma é uma dança circular que veio de um movimento espiritual nativo norte-americano conduzido por condições horríveis nas reservas indígenas no final dos anos 1880. Acreditava-se que o movimento dança fantasma havia contribuído para o massacre de Wounded Knee, em 1890, quando o exército norte-americano matou pelo menos 153 índios Lakota Sioux (Liggett, 1998). O Bureau of Indian Affairs temia que esse estilo de dança desencadeasse violência e, em 1904, o governo norte-americano baniu algumas práticas religiosas dos nativos norte-americanos, como a dança fantasma e a dança do sol, uma cerimônia em que os bailarinos eram perfurados em um ritual. Essa proibição só foi suspensa em 1978, quando o Congresso aprovou o Ato de Liberdade Religiosa dos Índios Norte-americanos (Liggett, 1998).

Shows de menestréis

A guerra de 1812 trouxe um sentido de orgulho e identidade aos norte-americanos. A sociedade queria ver sua cultura representada em forma de entretenimento. Nos anos 1840, os shows de menestréis eram o modo mais popular de diversão (Toll, 2006). Eram shows apresentados por homens brancos com o rosto pintado de preto (menestréis *blackface*) que retratavam o estereótipo da população afro-americana para os brancos. Embora os artistas brancos tenham retratado os afro-americanos nos anos 1600 e em outros países, nenhum foi tão popular quanto a famosa *performance* de **Thomas Dartmouth "Daddy" Rice** de Jim Crow. Reza a lenda que Jim Crow era um escravo aleijado que trabalhava em uma estrebaria e era observado por Rice. Rice desenvolveu sua canção e coreografia baseado nesse personagem afro-americano exagerado e altamente estereotipado e acabou ficando conhecido como o *pai da arte norte-americana dos menestréis*. O estilo de dança de Rice consistia em movimentos soltos, embaralhados e velozes. Logo vários outros números copiaram esse personagem e, em 1843, quatro homens brancos de Nova York se apresentaram como os Menestréis de Virgínia, com violinos, castanholas, banjos e pandeiros. Os Menestréis de Christy excursionaram em 1845 apresentando os tradicionais menestréis *blackface* sentados em um semicírculo no palco. O tocador de pandeiro, *Mr. Tambo*, em uma ponta, o tocador de ossos, *Mr. Bones*, em outra e *Mr. Interlocutor* no meio (Toll, 2006). Infelizmente, esses artistas retratavam os afro-americanos como preguiçosos e estúpidos e o termo *Jim Crow* acabou se tornando um estigma racial. O famoso P. T. Barnum foi produtor e promotor dos menestréis *blackface*.

Depois da Guerra Civil, a maioria dos estados do Sul aprovou legislações segregacionistas contra os afro-americanos, conhecidas como leis de Jim Crow (Yenerall, 2009). Essas leis impediam que os negros tivessem igualdade de direitos com os demais norte-americanos e foram revogadas pela declaração da Suprema Corte dos Estados Unidos do Brown contra o Conselho de Educação, do Ato de Direitos Civis de 1964 e do Ato de Direito ao Voto de 1965 (Litwack, 2006). A popularidade que os menestréis tiveram por mais de 50 anos deu lugar ao vaudeville, ao cinema e ao rádio.

> **Você sabia?**
>
> Artistas brancos nos shows de menestréis foram logo substituídos por artistas afro-americanos, que continuaram a pintar o rosto. Um dos primeiros artistas afro-americanos a se apresentar para uma plateia branca foi **William Henry Lane** ("Mestre Juba"), que começou a carreira no bairro de Five Points, em Manhattan, Nova York (Knowles, 2002), onde imigrantes irlandeses e escravos libertos moravam e dançavam juntos.

Vaudeville

Após a Guerra Civil, trabalhadores de escritório queriam mais formas de divertimento para preencher seu tempo de lazer. O entretenimento era dividido por classes e a maioria das opções não era adequada para mulheres e crianças. Era necessário ter um novo modo de diversão para atender uma audiência maior, ao mesmo tempo que se conservasse uma atmosfera digna e saudável para as famílias.

Em seu livro *Tap Roots*, Knowles (2002) sugere que Tony Pastor, um ex-diretor de *performances* circenses, introduziu o que ficou conhecido como *vaudeville* em Nova York em 1881, no teatro da rua 14, em Tammany Hall. Outros pesquisadores creditam a Benjamin Franklin Keith o título de pai do *vaudeville*. Os dois queriam criar uma forma de entretenimento honrada o bastante para atrair mulheres e crianças. O *vaudeville* era aberto para qualquer pessoa que fosse capaz de se apresentar e se tornou uma carreira lucrativa. Composto principalmente por cantores e bailarinos, deu origem a outros números de variedades, como dublês, mágicos, saltadores e homens fortes.

As artistas norte-americanas de *vaudeville* Rosy (1892-1970) e Jenny (1892-1941) Dolly, conhecidas profissionalmente como as Dolly Sisters.

Foi durante o auge do *vaudeville* que o sapateado ganhou o formato pelo qual é reconhecido hoje. O *buck-and-wing*, ou *clog*, além do estilo de *soft-shoe* com música e dança, cresceu em popularidade e incluía artistas solo, duplas e equipes (Knowles, 2002). Foram criadas placas de metal para acrescentar mais efeito sonoro. Isso também fez surgir números para famílias e crianças, que evoluíram para números duplos, estrelados por gêmeos ou irmãos usando técnicas de jogo de sombra e espelho. Surgiram mais competições entre trupes afro-americanas, que apresentavam movimentos excêntricos e acrobáticos (Knowles, 2002).

Filmes

Muitos criadores são responsáveis pela invenção do cinema. Os filmes se tornaram parte de um importante meio de entretenimento e eram regularmente incorporados nos espetáculos nos anos 1900. A mudança no modo como as pessoas se divertiam, de shows ao vivo para apresentações de cinema, na década de 1920, foi considerada a causa da morte gradual do *vaudeville*. Em 1923, o inventor Lee de Forest exibiu vários filmes com números de *vaudeville* no Rivoli Theatre, em Nova York (Adams, 2011). Em 1927, a Warner Brothers lançou *O cantor de jazz*, um filme musical parcialmente falado e parcialmente mudo. Em 1929, a MGM lançou *Melodia da Broadway*, o primeiro filme inteiramente falado, cantado e dançado, que venceu o prêmio de melhor filme da Academia de Cinema e foi seguido por mais filmes musicais de sucesso (Kenrick, 2011). Embora muitos artistas de *vaudeville* simplesmente tenham deixado o palco para dar espaço à indústria do cinema, o sapateado ganhou ainda mais popularidade. Musicais mostrados na tela eram bastante populares, mas exigiam uma grande quantidade de tempo e recursos para serem produzidos. Isso se tornou um problema nos tempos difíceis da economia na década de 1930. Durante a Grande Depressão, Hollywood reduziu a criação de musicais. No entanto, em 1933, a Warner Brothers lançou *Rua 42*, musical que arrecadou milhões. Busby Berkeley levou o crédito pelo sucesso do filme por sua coreografia, trabalho de câmera e estilo de encenação (Kenrick, 2011).

Nos anos 1940, durante e depois da Segunda Guerra Mundial, o estilo dos filmes era mais patriota e moralista (Kenrick, 2011). Porém, na década de 1950, outra forma de entretenimento ofereceu competição cerrada à indústria do cinema: a televisão. O número de frequentadores de cinema diminuiu e a indústria cinematográfica criou filmes de orçamento mais baixo. Especialistas dizem que, apesar dessa redução, alguns dos melhores musicais de todos os tempos foram feitos nos anos 1950: *Sinfonia de Paris* (1951), *Cantando na chuva* (1952) e *Sete noivas para sete irmãos* (1957; Frank, 1994).

Os anos 1960 trouxeram grandes filmes, como *Mary Poppins* (1964), *A noviça rebelde* (1965), *Amor, sublime amor* (1961), *Funny girl – A garota genial* (1968) e *Oliver!* (1968; Kenrick, 2011).

Os anos 1970 tiveram muitos filmes ruins, mas alguns brilharam. Alguns conhecidos, como *Jesus Cristo superstar* (1973), *Tommy*, do The Who (1975), *Sgt. Pepper's Lonely Hearts Club Band* (1978), *A rosa* (1979), *Grease – Nos tempos da brilhantina* (1978) e *The rocky horror picture show* (1975), tiveram seus admiradores.

Nos anos 1980, especialistas disseram que os musicais haviam morrido, e vários produzidos naquele período confirmaram isso (Kenrick, 2011). Entretanto, musicais como *A pequena sereia* (1989) e *A pequena loja dos horrores* (1986) trouxeram de volta a paixão por filmes desse gênero. A década de 1990 trouxe a Disney de volta à linha de frente com musicais como *A bela e a fera* (1991), *Aladdin* (1992), *O rei leão* (1994) e *Pocahontas* (1995).

Nos anos 2000, *remakes* de musicais famosos transformados em filmes, como *Chicago* (2002), *O fantasma da ópera* (2005) e *Rent* (2005) não despertaram interesse. Mas em 2006, coube a um pequeno pinguim que não sabia cantar fazer renascer o interesse pelo sapateado. A animação *Happy feet – O pinguim* (2006) venceu o Oscar de melhor filme de animação.

Embora a história do sapateado remonte a milhares de anos e tenha contado com a contribuição de muitas culturas para seu desenvolvimento, cada uma foi responsável por tornar o sapateado o que ele é hoje; e estar sempre em evolução. Para cada geração que aprecia o que o passado criou, o futuro continua. Podemos aprender o lado mais humano dessa incrível forma de dança com a vida dos astros do sapateado.

Artistas do sapateado

Muitos nomes são associados ao sapateado e cada bailarino tem uma história para contar. Todos os sapateadores famosos emprestaram algo do estilo daqueles que vieram antes deles e, juntos, tornaram o sapateado o que é hoje. Esta parte do livro oferece uma breve síntese dos artistas de sapateado; os aqui mencionados não são, de forma nenhuma, mais importantes do que os não citados.

Com a invenção do rádio e dos filmes falados, nos anos 1900 as pessoas descobriram formas diferentes de diversão. Um período de prosperidade na música e na dança trouxe a oportunidade de produzir grandes sapateadores. **King Rastus Brown** era considerado um dos melhores bailarinos de *buck* na região de Nova York em 1903 (Frank, 1994). Ele raramente se apresentava para uma plateia branca, o que o afastou da fama. Estudiosos dizem até que ele inventou o *time step* (Frank, 1994). **Willie Covan** começou a dançar aos cinco anos e, na adolescência, se apresentava com aquela que seria sua futura esposa, o irmão e um amigo para formar um grupo chamado Four Covans (1933). Ele se apresentava em shows de menestréis e acredita-se que foi quem criou o passo *waltz clog* (Frank, 1994).

Ruby Keeler é tido como o primeiro astro do sapateado do cinema e atuou no famoso filme *Rua 42* (1933). Keeler, bailarino de *buck*, incorporou movimentos do *jazz* e do *ballet* em suas *performances* (Hill, 2010). **Peg Leg Bates** (anos 1930) redefiniu o sapateado como o mais famoso sapateador de uma perna só de todos os tempos. Sua perna artificial, ou *peg*, era feita metade de borracha e metade de couro, o que resultava em um som único e ritmos intensos quando ele se apresentava (Frank, 1994). **Leonard Reed** e **Willie Bryant** (anos 1930), da famosa coreografia Shim Sham Shimmy, faziam uma combinação de calcanhar-ponta do pé dançada em quatro refrões de oito compassos (Frank, 1994).

O Cotton Club, famoso clube noturno localizado no Harlem, um bairro de Nova York, durante a Lei Seca, era de propriedade de gângsteres na década de 1920. Apenas artistas afro-americanos podiam se apresentar para uma plateia exclusivamente branca, e o clube produziu alguns dos melhores sapateadores. Dois irmãos, os famosos **Nicholas Brothers**, primeiro contratados para o programa de rádio *The horn and hardartkiddie hour*, estrearam seus saltos altos, pulos, giros e batidas rápidas em 1932 no Cotton Club (The

A dupla norte-americana de sapateado Nicholas Brothers, com Harold e Fayard, apresentando-se sobre dois pedestais.

Nicholas Brothers, s.d.). Fayard e Harold Nicholas cresceram na Filadélfia e se apresentaram no Cotton Club durante dois anos. Eles chegaram a fazer diversos filmes, incluindo *Pie, pie blackbird*, em 1932, e produções da Broadway, como *Ziegfeld follies* (1936).

Bill "Bojangles" Robinson, nascido em Richmond, Virgínia, nos Estados Unidos, ficou mais conhecido por interpretar um mordomo do pré-guerra que dançava com Shirley Temple em filmes como *A mascote do regimento* e *A pequena rebelde* (Dubas, 2006). Ele começou a carreira como *hoofer* (ver *hoofing*, adiante neste capítulo) e, aos 50 anos, se apresentou pela primeira vez para uma plateia branca como o primeiro afro-americano a dançar com uma bailarina branca. Ele usava sapatos de sola de madeira e de sola dividida, que permitiam flexibilidade nos movimentos com os pés. Seu estilo arrojado e reservado, os pés agitados e o rosto expressivo, além da invenção da dança da escada, fizeram dele um dos melhores sapateadores no palco e nos filmes (Frank, 1994).

Nenhuma outra bailarina da década de 1930 levou mais garotas aos estúdios de dança para aprender a sapatear do que **Shirley Temple**. Ela foi uma das estrelas mais rentáveis da metade dos anos 1930 e a atriz campeã de bilheteria de 1936 a 1938 (Dubas, 2006). Apresentou-se com outros grandes sapateadores, como Bill Robinson e

Buddy Ebsen. Atuou em 14 curtas-metragens, 43 filmes e mais de 25 adaptações de livros para o cinema, e sua carreira durou de 1931 a 1961 (Dubas, 2006).

John Williams Sublett, mais conhecido como **John W. Bubbles**, e seu parceiro **Ford L. "Buck" Washington** formavam um dupla chamada Buck and Bubbles. Buck cantava e tocava piano enquanto Bubbles sapateava. Eles atuaram em *Broadway frolics* (1922), *Blackbirds* (1930) e *Ziegfeld follies* (1931). O estilo de sapateado de Bubbles enfatizava batidas percussivas de calcanhar com acentos e sincopações únicas, enquanto cortava o andamento para estender o ritmo para oito batidas (Frank, 1994). Esse estilo de dança excêntrico rendeu a ele o título de pai do *rhythm tap*, que mais tarde passou a se chamar *jazz tap*.

Eleanor Powell iniciou sua carreira da Broadway em *The optimists*, em 1928, e aprendeu a sapatear por necessidade. Seu trabalho com os pés, que lembrava uma metralhadora, deu a ela o título de campeã mundial e rainha do sapateado. Ela dançou com Fred Astaire em *Melodia da Broadway* e muitos achavam que ela era sua única parceira a dançar melhor que ele.

Howard "Sandman" Sims, sapateador de *vaudeville* do Apollo Theater, ficou mais conhecido por usar uma caixa cheia de areia para amplificar os sons dos passos. Apareceu em um episódio de *The Cosby show* (1990), no qual ele e Bill Cosby desafiavam um ao outro no sapateado. Sims também atuou em *No maps on my taps* (1979), *The Cotton Club* (1984), *Harlem nights* (1989) e *Tap – A dança de duas vidas* (1989).

Charles "Chuck" Green, considerado um sapateador de *jazz*, pregava tampas de garrafa nas solas dos sapatos e dançava nas calçadas para ganhar dinheiro quando era jovem (Hill, s.d.b). Fazia parte da dupla Chuck and Chuckles, que excursionou pelos Estados Unidos, Europa e Austrália se apresentando no Radio City Music Hall, no Apollo Theatre, Paramount Theatre, Capitol Theatre e Palace Theatre. Em 1944, Chuck sucumbiu ao estresse e ficou internado em uma instituição psiquiátrica por 15 anos. Após sua saída, em 1959, Green, que ainda era sapateador, criou o próprio estilo *bebop* adicionando novas harmonias e padrões rítmicos e continuou se apresentando no palco e na televisão.

Samuel George "Sammy" Davis Jr. foi cantor e astro de televisão e cinema, além de membro da Frank Sinatra´s Rat Pack. Era chamado o Mr. Entertainer. Apresentou-se na Broadway e em Las Vegas quando criança. Em 1954, perdeu um olho em um acidente automobilístico. Na Broadway, atuou em *Mr. Wonderful* (1956) e *Golden boy* (1964). Sua carreira na televisão e no cinema incluiu *Onze homens e um segredo* (1960) e o programa de variedades *The Sammy Davis Jr. show*. Em 1972, teve um hit musical, "The candy man".

Jimmy Slyde, conhecido como *rei dos slides*, fazia um *hoofer* que lembrava patinação. Slyde se apresentava regularmente com Duke Ellington e Count Basie nos anos 1940 e 1950. Sua carreira no cinema consistiu nos filmes *The Cotton Club* (1984), *Tap – A dança de duas vidas* (1989) e *Por volta da meia-noite* (1986). Ele também atuou no musical *Black and blue* (1985).

Frederick Austerlitz (**Fred Astaire**) e a irmã **Adele Astaire** iniciaram a carreira profissional em 1905, quando Fred tinha seis anos e Adele, nove anos (Frank, 1994). Atuaram em *Lady be good* (1924), *Funny face* (1927) e *Band wagon* (1931). Fred partiu para carreira solo quando Adele se casou, em 1932. Mais tarde, fez dez filmes com a

Fred Astaire e Ginger Rogers formam uma das duplas mais famosas da dança.

famosa parceira de dança **Ginger Rogers**, entre eles *A alegre divorciada* (1935), *O picolino* (1935), *Nas águas da esquadra* (1936) e *Ritmo louco* (1936). Apesar de ser conhecido como sapateador, ele raramente usava sapatos de sapateado em suas apresentações. Virginia Katherine McMath (Ginger Rogers), mais conhecida como parceira de dança de Fred Astaire, fez mais de 73 filmes (Frank, 1994). Rogers prosseguiu com a carreira após Astaire e acabou ganhando o Oscar de melhor atriz por *Kitty Foyle* (1940).

O título de *sapateadora de velocidade* vai para Johnnie Lucille Collier, mais conhecida como **Ann Miller**. Inspirada por Eleanor Powell e descoberta por Lucille Ball, Miller começou a dançar para fortalecer as pernas depois de ter raquitismo (Frank, 1994). Embora fosse conhecida pela velocidade com que sapateava nos filmes, os sons dos seus pés

Você sabia?

Ginger Rogers pode não ter sido tão excelente bailarina quanto seu parceiro Fred Astaire, mas atuava muito bem. Algumas pessoas disseram que os sons de sapateado dela eram dublados nos filmes porque não eram claros o bastante e, ainda, que dublavam as músicas nas *performances* ao vivo.

eram adicionados depois usando uma plataforma de sapateado porque o piso do palco era escorregadio demais para os sapatos de dança. No entanto, em 1946, uma competição entre Ann Miller e uma datilógrafa definiu quais batidas eram mais rápidas. Ann Miller completou 627 batidas por minuto, enquanto Ruth Myers, a datilógrafa, fez 584 batidas em um minuto (Frank, 1994). O recorde mundial no Guinness de mais batidas por minuto é de 1.163, e foi batido por Anthony Morigerato, em Albany, Nova York, em 23 de junho de 2011 (Guinness World Records, 2011).

Gregory Hines começou a dançar com o irmão mais velho, Maurice; eles ficaram conhecidos como os Hines Brothers. Os dois estrearam na Broadway em *The girl in pink tights* (1954). Gregory recebeu indicações ao prêmio Tony por *Eubie* (1979), *Comin' uptown* (1980) e *Sophisticated ladies* (1981) e venceu o prêmio por *Jelly's last jam* (1992). Gregory Hines é considerado o melhor sapateador de sua geração. Seu primeiro papel em filmes foi na comédia de Mel Brooks, *A história do mundo, parte I* (1981). Ele também recebeu o papel principal em *The Cotton Club* (1984), *O sol da meia-noite* (1985) e *Dois policiais em apuros* (1996). Hines atuou ainda em *Tap – A dança de duas vidas* (1989) e *Perigosamente Harlem* (1991). Recebeu indicação ao Emmy pelo papel na minissérie *Bojangles*, de 2001, e seu próprio *sitcom*, *The Gregory Hines show* (1997). Alguns estudiosos de dança descreveram seu estilo como fraseado percussivo de um compositor que executa os passos de bailarino.

Gregory Hines é considerado o melhor sapateador de sua geração.

Outro sapateador conhecido foi **Bunny Briggs**, a quem Duke Ellington certa vez chamou de "o mais superleviatônico, ritmaturgicamente-sincopado, sapatematicamentista" (Hill, s.d.a.). Briggs atuou no especial de 1985 da NBC *Motown returns to the Apollo* e no filme *Tap – A dança de duas vidas* (1989), e recebeu indicação ao Tony de 1989 por *Black and blue*.

Buddy Ebsen, mais conhecido como o personagem Jed Clampett em *The Beverly Hillbillies* (1962-1971) e o detetive Barnaby Jones em *Barnaby Jones – O detetive*, nos anos 1970, foi selecionado para ser o homem de lata em *O mágico de Oz* (1939). Ele ficou bastante doente por causa de uma reação alérgica à maquiagem com pó de alumínio.

O que acontece quando se aprende com algumas das maiores lendas do sapateado e o estilo e treinamento delas o transformam em um dos maiores sapateadores contemporâneos? Você se torna *"o cara" do sapateado*, **Savion Glover**. Glover atuou em *The tap dance kid* (1983), quando tinha 10 anos, e prosseguiu na carreira na Broadway com

Savion Glover, considerado por algumas pessoas o futuro do sapateado, está resgatando o estilo antigo e restaurando as raízes africanas do sapateado.

Black and blue (1989) e *Jelly's last jam* (1992). Ele ganhou o Tony por *Bring in 'da noise, bring in 'da funk* (1996). Sua carreira no cinema inclui *A hora do show* (2000) e *Happy feet – O pinguim* (2006). Fez parte do elenco de *Vila Sésamo* (1991-1995). Atualmente Glover está tentando resgatar o estilo antigo e renovar as raízes africanas do sapateado. Mais recentemente, sua atuação em *SoLe sanctuary* é sua homenagem aos artistas da dança. Há quem diga que Glover é o futuro do sapateado.

Cada pessoa envolvida no sapateado, mencionada neste capítulo ou não, contribuiu para a evolução dessa arte com seu estilo, forma e movimento criativo.

Estilos e estética do sapateado

Ao longo da história do sapateado, foram criados vários estilos e estéticas. Alguns até misturaram outras formas de dança e arte para desenvolver um estilo próprio. O *eccentric tap*,[1] que inclui acrobacias, *snake hips*, *shimmy* e outras formas de movimentos de contorcionismo ou dança cômica, foi primeiro apresentado no estilo chamado legomania, ou pernas de borracha (Frank, 1994). Incorporando chutes altos, a legomania é mais conhecida (ainda que não como um número de sapateado) pelo filme musical de 1939, *O mágico de Oz*, em que o espantalho, interpretado por Ray Boger, a tornou famosa com a *performance* de *"If I only had a brain"* (Frank, 1994).

Soft-shoe

Dança leve e graciosa, realizada em uma cadência regular e suave com sapatos de sola macia, tornou-se famosa na fase do *vaudeville* (Frank, 1994). Uma das coreografias de **soft-shoe** mais conhecidas é a de *Pernalonga ataca outra vez* (Freleng, 1948), em que Yosemite Sam começa atirando nos pés do Pernalonga e o manda dançar. Pernalonga pega um chapéu e uma bengala e começa a dançar *soft-shoe*, e logo chama Yosemite Sam para dançar com ele. Sam começa a dançar e vai dançando até cair em um poço.

Buck-and-wing

Dança rápida que combina *clog* inglês e irlandês, ritmo africano e chutes e movimentos rápidos com os pés (Frank, 1994). O termo *buck* vem de bailarinos que usavam sapatos com sola de madeira e dançavam na ponta dos pés, enfatizando os movimentos abaixo da cintura. O estilo é parecido com o *clog dance*, mas bem mais antigo. O termo *wing* vem da terminologia do *ballet* para *pigeon wing*: asa de pomba, também conhecida como *pistolet* e *brisé volé* (Frank, 1994). Outros sapateadores desenvolveram um estilo que incorporou movimentos de *ballet* e *jazz* usando mais movimentos com a parte superior do corpo.

Sapateado clássico

Também chamado de *flash* ou *swing tap*, ficou famoso com os Nicholas Brothers, que misturavam sapateado, *ballet* e *jazz* com acrobacias. O estilo combina movimentos da parte superior do corpo, movimentos velozes de perna e piruetas sensacionais com um trabalho de pés percussivo e sincopado.

---

[1] N.C.T.: Trata-se de um estilo mais alegre, teatral e excêntrico, como o próprio nome sugere.

Class acts

Diferentemente das acrobacias do sapateado clássico, o **class acts**, na virada do século XX, era mais refinado. Ginástica, saltos e giros raramente apareciam nesse estilo, dominado por **Honi Coles** e **Cholly Atkins**, que aperfeiçoaram o estilo veloz, rasteiro e elegante. Eles eram conhecidos por seu *soft-shoe* lento, seguido por um desafio de dança em que cada um demonstrava passos ritmados, percussivos e complexos acompanhados por um percussionista.

Jazz tap

Quando o gênero musical *ragtime* (1897 e 1918) se destacou nos carnavais e circos, o sapateado se transformou em ritmos sincopados de *jazz*, o chamado **jazz tap**. Esse estilo valoriza precisão, leveza e velocidade. Durante a era do *jazz* (anos 1920), os sapateadores se apresentavam na frente de bandas de *swing* ou *jazz* com o corpo ereto. Tornou-se um dos estilos mais rápidos de sapateado.

Hoofing

É descrito com uma dança no solo com ênfase em *stomps* e *stamps* acompanhados de percussão rítmica de sons, músicas e sincopações. Savion Glover é um *hoofer* contemporâneo, e defende que o sapateado é um estilo de dança, enquanto o **hoofing** é um estilo de vida.

Rhythm tap

Famoso por meio de John W. Bubbles, incorporou mais *heel drops* percussivos e movimentos da parte inferior do corpo, em vez de enfatizar *toe taps* e movimentos da parte superior do corpo. É mais rasteiro e focado na acústica do que em qualidades estéticas. Gregory Hines resgatou esse estilo, incorporando graça e sutileza e mostrando que o foco do **rhythm tap** está sempre nos pés.

Musical tap ou Broadway style tap

Também conhecido como sapateado musical, o estilo **musical tap** ou **Broadway style tap** combina Hollywood com as formas tradicionais de sapateado. Seu foco principal é na *performance* e nas posições corporais. Musicais da Broadway, como *Anything goes*, *My one and only* e o mais famoso, *Rua 42*, representam esse estilo.

Funk tap

Esse estilo emergente combina *hip hop* com *funk* para criar uma dança contemporânea e divertida. O **funk tap** vem atraindo uma nova geração de entusiastas do sapateado enquanto preserva a técnica tradicional do gênero.

Cada estilo surgiu de vários artistas que criaram essas formas de dança. Esses estilos vão continuar evoluindo, à medida que a próxima geração de sapateadores descubra e crie seu estilo próprio.

Resumo

O sapateado não foi criado de uma vez: ele evoluiu, assim como aconteceu com muitas formas de dança. Levou milhares de anos para ser aperfeiçoado e o futuro está nas mãos de alguns dos melhores bailarinos de hoje. Apesar do pico de popularidade no cinema ter se dado nos anos 1930 e 1940, vídeos *on-line* continuam revelando alguns grandes astros, coreografias e talentos do sapateado. Esse estilo tem uma história rica e um futuro brilhante, com ótimos professores passando adiante seu conhecimento a seus alunos.

Glossário

Acento rítmico   Ênfase na batida para torná-la forte ou fraca.

Agilidade   Habilidade de mudar de direção ou posição corporal, além de movimentar os pés, com velocidade, conforme o andamento rápido da música.

Amplitude   Quantidade de espaço que o corpo ocupa quando se movimenta, tanto no solo quanto no ar (em linha reta, em curva, zigue-zague, espiral ou em onda).

Andamento   Velocidade da batida ou do movimento; ritmo.

Articulações cartilaginosas   Articulações unidas por cartilagem (p. ex., os discos intervertebrais da coluna).

Articulações fibrosas   Articulações firmemente unidas, de modo que existe pouco ou nenhum movimento entre elas.

Articulações sinoviais   As articulações mais comuns do corpo, que permitem grande amplitude de movimento.

Astaire, Adele   Irmã mais velha de Fred Astaire. Eles se apresentaram como uma dupla até Adele se casar, em 1932.

Astaire, Fred   Nascido Frederick Austerlitz. Começou a carreira com a irmã Adele e mais tarde fez dupla com Ginger Rogers. Tornou-se o sapateador mais famoso dos Estados Unidos e ajudou a preservar o sapateado por várias décadas em razão da popularidade de seus filmes.

Atkins, Cholly   Famoso artista de sapateado *class acts*, que aperfeiçoou o estilo *close-to-the-floor* extremamente rápido, porém com muita elegância.

Atitude performática   Pensar, atuar e se movimentar como um bailarino.

Barra   Trave de madeira ou metal fixada em várias paredes do estúdio ou estrutura portátil posicionada no centro do estúdio.

Bates, "Peg Leg"   Considerado o mais famoso bailarino de uma perna só de todos os tempos, Bates perdeu uma de suas pernas em um acidente quando tinha 12 anos. Com a ajuda do tio, passou a usar uma perna de pau (*wooden peg leg*, em inglês), que deu origem a seu apelido.

Batida (pulso)   Unidade básica de organização ou pulsação rítmica.

Briggs, Bunny   Se apresentou em 1985 no especial da NBC *Motown Returns to the Apollo* e recebeu indicação ao Prêmio Tony em 1989 por *Black and Blue*.

Brown, King Rastus   Considerado um dos melhores bailarinos de *buck* na região de Nova York em 1903.

Bryant, Willie   Inventou a coreografia Shim Sham Shimmy com seu parceiro de dança Leonard Reed.

Bubbles, John W.   Nascido John William Sublett. Membro da equipe Buck and Bubbles. Dançou um estilo de sapateado que enfatizava as batidas percussivas de calcanhar com acentos rítmicos e sincopações únicas. Esse estilo rendeu a ele o título de pai do *rhythm tap*.

Buck-and-wing   Dança rápida que combina os sapateados irlandês e inglês usando ritmo africano.

Centro   Parte da aula em que os alunos aprendem passos em frente ao espelho para aperfeiçoar a técnica e adquirir o vocabulário básico de movimentos de sapateado.

Chaplin, Charlie   Sapateador famoso que se apresentou com uma trupe chamada Seven Lancashire Lads em 1897.

Class acts Estilo de sapateado apresentado na virada do século XX, mais refinado do que o sapateado clássico (sem acrobacias, saltos e giros), no qual os artistas se apresentavam vestindo *smoking*, com muita elegância, e geralmente em duplas, com muita exatidão e sincronia.

Coles, Honi Famoso sapateador das inesquecíveis *class acts*, que tinha um estilo extremamente rápido de sapatear, também chamado de *flash tap*.

Comando Palavras que descrevem ações do corpo (movimentos de pernas, braços e cabeça na sequência de execução) durante um exercício ou passo.

Combinação Frase de movimento que consiste em vários passos.

Compasso Padrão recorrente em música.

Componentes de condicionamento relacionados à aptidão Coordenação, agilidade, equilíbrio, potência, tempo de reação e velocidade.

Componentes de condicionamento relacionados à saúde Resistência cardiorrespiratória (aeróbica), resistência e força muscular, flexibilidade e composição corporal.

Consciência corporal Noção de controle corporal, transferência de peso, equilíbrio e de como seu corpo se movimenta.

Consciência de relacionamento Com o que e com quem o corpo se relaciona; pode incluir partes do corpo, pessoas e objetos.

Contração concêntrica Encurtamento do músculo e movimento articular visível.

Contração dinâmica (isotônica) Ocorre quando o comprimento do músculo envolvido é alterado.

Contração excêntrica Tensão envolvida no alongamento do músculo.

Coordenação Integração dos sistemas nervoso e muscular para realizar movimentos corporais harmônicos.

Covan, Willie Apresentava-se em shows de menestréis com a futura esposa, o irmão e um amigo, grupo conhecido como os Four Covans. Credita-se a ele a criação do sapateado acrobático.

Dança Série mais longa e completa de movimentos que geralmente dura de 2 a 4 minutos. Também chamada coreografia.

Davis, Jr., Samuel George "Sammy" Membro do *Frank Sinatra's Rat Pack*, atuou no programa de variedades homônimo e gravou o sucesso *Candy Man*.

Decúbito dorsal Deitado de costas, com a barriga para cima.

Decúbito ventral Deitado de barriga para baixo.

Direção Também chamada linha de movimento, pode ser criada ao se mover em círculo, para a frente, para os lados ou para trás em um espaço.

Distensão Lesão causada por extensão excessiva e rompimento de um músculo ou tendão.

Divisão de compasso Nomenclatura utilizada para especificar a quantidade de tempos no compasso, p. ex.: binário, dois tempos por compasso; ternário, três tempos por compasso; e quaternário, quatro tempos por compasso.

Ebsen, Buddy Mais conhecido como o personagem Jed Clampett em *The Beverly Hillbillies* e como Barnaby Jones na série homônima.

Entorse Lesão causada pelo rompimento de um ligamento ou outro tecido.

Equilíbrio Habilidade de manter o corpo em estabilidade adequada.

Espaço pessoal Acomoda perna, braço e extensões do corpo sem invadir o espaço do vizinho, enquanto estiver parado ou se deslocando em um local.

Esqueleto apendicular Ossos dos membros superiores e inferiores.

Esqueleto axial Inclui o crânio, a coluna vertebral, o esterno e as costelas.

Estilo (gênero) musical Sons musicais que pertencem a uma categoria.

Exercícios de flexibilidade Exercícios realizados para aumentar a amplitude de movimento da articulação. Esses movimentos de alongamento são sustentados por 15 a 30 segundos para garantir o aumento do comprimento muscular.

Exercícios isolados Movimentos executados com determinadas partes do corpo enquanto outras permanecem imóveis.

Flexibilidade Capacidade da articulação de se mover livremente em toda a amplitude do movimento.

Fluxo Movimento continuado; fluxo constante de energia suave.

Força No movimento, a liberação ou compressão de energia, a atração da gravidade e a sensação de peso ou leveza.

Força muscular Capacidade do músculo de exercer força máxima contra uma resistência.

Fraseado Ocorre na música ou no sapateado quando o padrão separa, ou sai de fase, e depois volta a juntar, ou retoma a sintonia, com o padrão original.

Funk tap Mistura *hip hop* com *funk* para criar uma forma de dança contemporânea e divertida.

Glover, Savion Atuou em *The tap dance kid* (1983) e ganhou um Prêmio Tony por *Bring in 'da Noise, Bring in 'da Funk*. Fez as coreografias do filme *Happy feet – O pinguim* (2006) e é considerado o futuro do sapateado.

Green, Charles "Chuck" Considerado um sapateador de *jazz*, criou seu próprio estilo chamado *bebop*, acrescentando novas harmonias e padrões rítmicos.

Hines, Gregory Começou a dançar com o irmão Maurice no *Hines Brothers*. Após o filme *Tap – A dança de duas vidas*, lançado em 1989 e dirigido por Nick Castle, consagrou-se como o melhor sapateador de sua geração.

Hoofing Dança no chão com muito improviso e ênfase nos *stomps* e *stamps* e no ritmo dos sons percussivos, da música e das sincopações, sem utilizar muito a *performance* corporal.

Instrumental Sem vocais; pode vir no início, no fim ou entre as seções.

Jazz tap Estilo que enfatiza precisão, leveza e velocidade e é considerado um dos mais rápidos do sapateado.

Keeler, Ruby Considerado a primeira estrela do sapateado a aparecer no cinema. Atuou no filme *Rua 42*, em 1933.

Kemp, William Artista de *Irish jig* (dança irlandesa) nos anos 1600. É mais conhecido como o Peter original na peça *Romeu e Julieta*.

Lane, William Henry Ou Mestre Juba. Começou a carreira no Five Points, em Manhattan, e foi um dos primeiros artistas afro-americanos a se apresentar para uma plateia branca.

Legomania Estilo de dança que simula pernas de borracha, com a incorporação de chutes altos.

Macronutrientes Os grandes blocos de construção nutricional: carboidrato, proteína e gordura.

Marcação Usar pequenos gestos para indicar a movimentação de pernas e braços em um exercício ou combinação.

Métrica Música dividida em unidades definidas por determinado número de batidas de determinada duração.

Metrônomo Objeto ou equipamento que produz uma batida regular.

Miller, Ann Nascida Johnnie Lucille Collier. Recebeu o título de sapateadora mais veloz. Começou a dançar com a intenção de fortalecer as pernas depois de sofrer de raquitismo.

Musical tap ou Broadway style tap Estilo que combina o *jazz dance* com o sapateado norte-americano, com foco principal na *performance* corporal, e não na percussão; também conhecido como sapateado musical.

Musicalidade Compreensão da música; na dança, é o modo como a execução do movimento se relaciona com a música.

Nicholas Brothers Fayard e Harold Nicholas foram um dos principais duetos da história do sapateado. Atuaram em inúmeros musicais de Hollywood nos anos 1930 e 1940, além de atuarem no Cotton Club em 1932, no filme *Pie, pie blackbird* e na produção da Broadway *Ziegfeld follies*.

Nível Refere-se ao corpo do bailarino no espaço e à transferência de peso a partir do centro de gravidade; o movimento pode ser realizado acima do centro de gravidade (alto) ou abaixo do centro de gravidade (baixo).

Noção espacial Percepção de que todo mundo ocupa um espaço e cada movimento define o espaço corporal pessoal e geral.

Notas Símbolos que representam sons.

Pauta As cinco linhas horizontais e quatro espaços da notação musical; cada linha ou espaço representa um *pitch* diferente.

Percepção cinestésica Percepção de ossos, músculos e articulações que permite sentir o corpo no espaço.

Pitch Frequência na qual o som vibra.

Plié Suave e contínua flexão dos joelhos.

Posição anatômica Posição em pé, com os pés apontados para a frente, braços ao lado do corpo, palmas das mãos viradas para a frente, polegares para fora e dedos estendidos.

Potência Habilidade de produzir força máxima em um curto período de tempo.

Powell, Eleanor Considerada a rainha do sapateado e a única a dançar melhor do que Fred Astaire.

Preaquecimento Exercícios realizados como preparação física e mental para a aula de dança.

PRICE Proteção, repouso, gelo (*ice*), compressão, elevação (e diagnóstico); protocolo de recuperação de lesões leves.

Princípio da sobrecarga O corpo precisa de tensão ou sobrecarga acima do normal para se tornar mais forte. Depois de um período, o corpo se adapta a essa tensão e será necessário acrescentar sobrecarga maior para ganhos a mais.

Princípio FITT Acrônimo para frequência, intensidade, tempo e tipo de atividade realizada.

Pulso forte Ênfase na primeira batida em uma métrica.

Reed, Leonard Criou com seu parceiro de dança, Willie Bryant, o Shim Sham Shimmy, a coreografia mais famosa do sapateado no mundo.

Resistência cardiorrespiratória Capacidade dos pulmões, do coração e dos vasos sanguíneos de transportar oxigênio para todas as células do corpo.

Resistência muscular Capacidade do músculo de continuar realizando força ao longo do tempo.

Rhythm tap Estilo rítmico de sapateado proveniente dos negros norte-americanos, caracterizado por batidas percussivas e movimentos corporais mais soltos, já que os rápidos movimentos dos pés não permitem uma amplitude corporal.

Rice, Thomas Dartmouth "Daddy" Criou a música e a coreografia do exagerado e estereotipado personagem afro-americano "Jim Crow" e ficou conhecido como pai da arte dos menestréis norte-americanos.

Ritmo Movimento métrico e duração das notas.

Robinson, Bill "Bojangles" Mais conhecido por ter inventado a dança da escada, é considerado um dos melhores sapateadores de palco e do cinema. Em razão de seu nascimento, no dia 25 de maio é comemorado o Dia Internacional do Sapateado.

Rogers, Ginger Nascida Virginia Katherine McMath. Mais conhecida como parceira de dança de Fred Astaire, ganhou o Oscar de melhor atriz por *Kitty foyle* (1940).

Rotina *Ver* Dança

Sapateado clássico Estilo de dança que combina sapateado, *ballet* e *jazz* com acrobacias, no qual o corpo e os braços são mais utilizados, as batidas são menos complexas e utiliza-se muitas combinações tradicionais. Também chamado de *swing tap*.

Sims, Howard "Sandman" Sapateador de *vaudeville* do Apollo Theater, mais conhecido por usar uma caixa grande cheia de areia para amplificar os sons das batidas com o pé.

Sinal de pausa Símbolo musical que representa o silêncio.

Sincopação Acentuação da batida fraca em uma métrica.

Slyde, Jimmy Conhecido como rei dos *slides*, por seu estilo deslizante de sapatear como se estivesse patinando.

Soft-shoe   Dança leve e graciosa executada em uma cadência suave com sapatos de sola macia.

Técnica   Inclui não apenas o desempenho correto, mas a incorporação de princípios de movimento e a aplicação a exercícios ou passos de uma combinação.

Temple, Shirley   Uma das estrelas mais rentáveis da metade dos anos 1930 e campeã de bilheteria dos cinemas de 1936 a 1938. Atuou com Bill Robinson e Buddy Ebsen.

Tempo   Pulso, ritmo da respiração ou elementos rítmicos externos ao andamento.

Tempo de reação   Tempo de resposta a um estímulo.

Valor das notas   Símbolos que representam a duração do som.

Velocidade   Capacidade de levar o corpo de um lugar a outro.

Washington, Ford L. "Buck"   Membro da dupla Buck and Bubbles. Tocava piano enquanto Bubbles sapateava.

Referências bibliográficas

Adams, M. 2011. *Lee de Forest: King of radio, television, and film*. New York: Copernicus Books.

Alan, M. 2007. Tall tales but true? New York's "five points" slums. *Journal of Urban History* Vol. 33(2): pp. 320-331.

Alpert, P.T. 2011. The health benefits of dance. *Home Health Care Management & Practice* Vol. 23(2): pp. 155-157.

Asante, K.W. 2002. *African dance: An artistic, historical, and philosophical inquiry*. Trenton, NJ: Africa World Press Inc.

Baechle, T.R., & R.W. Earle. (Eds.) 2003. *Essentials of strength training and conditioning*. Champaign, IL: Human Kinetics.

Benton, L. 2011. Abolition and imperial law, 1790-1820. *Journal of Imperial & Commonwealth History* Vol. 39(3): pp. 355-374.

Bingaman, M. 2011. Native American dance history. www.ehow.com/about_6136173_native-american-dance--history.html#ixzz1fWIdD33I.

Blood, B. 2011. Music theory online: Tempo lesson 5. Dolmetsch Organisation. www.dolmetsch.com/musictheory5.htm.

Brashers-Krug, T., R. Shadmehr, & E. Bizzi. 1996. Consolidation in human motor memory. *Nature* Vol. 382: pp. 252-255.

Brehm, M., & C. Kampfe. 1997. Creative dance improvisation: Fostering creative expression, group cooperation, and multiple intelligences. www.eric.ed.gov/contentdelivery/servlet/ERICServlet?accno=ED425401.

Burrows, T. 1999. *How to read music: Reading music made simple*. New York: St. Martin's Press.

Cherokee stomp dance. s.d. Disponível em: www.aaanativearts.com/cherokee/cherokeestomp-dance.htm.

Clippinger, K. 2007. *Dance anatomy and kinesiology*. Champaign, IL: Human Kinetics.

Collier, J.P. 1853. *Lives of the original actors in Shakespeare's plays*. London: Shakespeare Society.

Cone, T.C., & S.L. Cone. 2005. *Teaching children dance*. 2. ed. Champaign, IL: Human Kinetics.

Cuypers, K. 2011. *Good Housekeeping*. Novembro. http://besteducationpossible.blogsport.com/2011/10/tickets-to-health-andhappiness.html.

Dimondstein, G., & N.W. Prevots. 1969. Development of a dance curriculum for young children. CAREL Arts and Humanities Curriculum Development Program for Young Children. Disponível em: www.eric.ed.gov/ERICWebPortal/contentdelivery/servlet /ERICServlet?accno=ED032936.

Dixon, S., F. Gouyon, & G. Widmer. 2003. *Towards characterization of music via rhythmic patterns*. Austrian Research Institute for AI. Vienna, Austria: Fabien Gouyon Universitat Pompeu Fabra.

Donald, G. 1977. Native American slavery in the Southern colonies. *Indian Historian* 10(2): pp. 38-42.

Dubas, R. 2006. Shirley Temple: *A pictorial history of the world's greatest child star*. New York: Applause Theatre & Cinema Books.

Dunford, M. (Ed.) 2006. *Sports nutrition: A practice manual for professionals*. 5. ed. Chicago: American Dietetic Association.

Elliott, G.H. 1997. *An investigation into a movement education program on motor creativity in preschool children in inclusive and general physical education environments*. Columbus: Ohio State University.

Evans, R. 1978. *How to read music: Fundamentals of music notation made easy*. New York: Three Rivers Press.

Feldman, A. 1996. *Inside tap: Technique and improvisation for today's tap dancer*. Pennington, NY: Princeton Books.

Frank, R. 1994. *Tap! The greatest tap dance stars and their stories 1900-1955*. New York: Da Capo Press.

Freleng, F. (Diretor). 1948. *Bugs Bunny rides again* [Desenho animado]. United States: Warner Brothers.

Gallay, A. 2003. *The Indian slave trade: The rise of the English Empire in the American South 1670-1717.* New Haven, CT: Yale University Press.

Gilbert, A. 1998. *Al Gilbert's tap dictionary: The world of tap at your fingertips!* Laguna Beach, CA: Music Works.

Gray, A. 1998. *The souls of your feet: A tap dance guidebook for rhythm explorers.* Austin, TX: Grand Weavers.

Guinness World Records. 2011. Most taps in a minute. www.guinnessworldrecords.com/records-3000/tap-dancing-most-taps-in-aminute.

Harnum, J. 2009. *Basic music theory: How to read, write, and understand written music.* Anchorage: Sol Ut Press.

Hill, C.V. 2010. *Tap dancing American: A cultural history.* London: Oxford University Press.

Hill, C.V. s.d.a. Bunny Briggs. Disponível em: www.atdf.org/awards/bunny.html.

Hill, C.V. s.d.b. Chuck Green. Disponível em: www.atdf.org/awards/green.html.

Hill, C.V., & S. Sommer. 2006. Tap dance. In *Encyclopedia of African American culture and history.* 2. ed. C.A. Palmer (Ed.). Vol. 5: pp. 2163-2167.

Inglehearn, M. 1993. The hornpipe: Our national dance. Papers from a conference held at Sutton House, Homerton, London E9 6JQ. http://chrisbrady.itgo.com/dance/ stepdance/hornpipe_conference.htm.

Jeannerod, M. 1994. The representing brain: Neural correlates of motor intention and imagery. *Behavioral and Brain Sciences* 17: pp. 187-202.

Kassing, G., & D.M. Jay. 2003. *Dance teaching methods and curriculum design.* Champaign, IL: Human Kinetics.

Kenrick, J. 2011. *History of musical films.* Musicals 101.com. The Cyber Encyclopediaof Musical Theatre, TV and Film. www.musicals101.com/index.html.

Knowles, M. 2002. *Tap roots: The early history of tap dancing.* Jefferson, NC: McFarland.

Liggett, L. 1998. The Wounded Knee Massacre: An introduction. American Culture Studies Program. www.bgsu.edu/departments/acs/1890s/woundedknee/WKIntro.html.

Litwack, L.F. 2006. Jim Crow. In *Encyclopedia of African American culture and history.* 2. ed. C.A. Palmer (Ed.). Vol. 3: pp. 1176-1178.

Meyer, T., X.L. Qi, T.R. Stanford, & C. Constantinidis. 2011. Stimulus selectivity in dorsal and ventral prefrontal cortex after training in working memory task. *Journal of Neuroscience* 31(17): pp. 6266-6276.

National Dance Teachers Association. s.d. Advice & information: Dance studio specification. Disponível em: www.ndta.org.uk/adviceinformation/dance-studio-specification.

New World Encyclopedia. s.d. African dance. Disponível em: www.newworldencyclopedia.org/entry/African_dance.

The Nicholas Brothers. s.d. Disponível em: www.nicholasbrothers.com/index.htm.

Oxford, E. 1996. The great famine. *American History* 31(1): p. 52.

Perpich Center for Arts Education. 2009. The elements of dance. Disponível em: www.opd.mpls.k12.mn.us/The_Elements_of_Dance.html.

Pittman, A.M., M.S. Waller, & C.L. Dark.2009. *Dance a while.* San Francisco: Pearson Education.

Rowan, J. 2003. Al Gilbert: The free library. Disponível em: www.thefreelibrary.com/Al Gilbert.-a0108114349.

Saito, E.T., P.M.H. Hanai Akashi, & I.C. Neves Sacco. 2009. Global body posture evaluation in patients with temporomandibular joint disorder. Clinics 64(1). www.scielo.br/scielo.php?pid=S1807-59322009000100007&script=sci_arttext.

Toll, R.C. 2006. Minstrels/Minstrelsy. In *Encyclopedia of African American culture and history.* 2. ed. C.A. Palmer (Ed.). Vol. 4: pp. 1456-1459.

Tracey, P. 1993. The Lancashire. Papers from a conference held at Sutton House, Homerton, London E9 6JQ. http://chrisbrady.itgo.com/dance/stepdance/hornpipe_conference.htm.

Van't Hof, E. 2002. "Essence" dance: A simple model for improvisation. Disponível em: www.eric.ed.gov/ERICWebPortal /detail?accno=ED464905.

Vetter, R.E., S.A. Myllykangas, L.K.M. Donorfio, & A.K. Foose. 2011. Creative movements as a stress-reduction intervention for caregivers. *Journal of Physical Education, Recreation and Dance* 82(2): pp. 35-38.

Wood, P.H. 2006. Stono Rebellion. In *Encyclopedia of African American culture and history.* 2. ed. C.A. Palmer (Ed.). Vol. 5: pp. 2149-2150.

Yenerall, K. 2009. Jim Crow laws. In *Encyclopedia of American government and civics.* M.A. Genovese & L.C. Han (Eds.). New York: Facts on File. Library of American History. pp. 176-180.

Índice remissivo

Nota: o *f* depois dos números de página refere-se a figuras.

A
Abdução 28
Acento rítmico 43
Adagio 45
Adução 28
Agilidade 17
Água 35
Alinhamento 31-32, 33*f*, 87
    dos joelhos 31-32, 33*f*
Allegro 45
Alongamento 7, 30, 31*f*, 84, 89*f*
    do quadríceps 9
    dos isquiotibiais 9
    estático 89
    explosivo 89
    reflexo de 89
Alunos 4-6, 19
Ambiente da aula de sapateado 4
Amplitude 52
Anatomia 24-26
Andamento 4, 44-45
Andante 45
Aprendizado 9, 16, 38-42
    motor 9
Aquecimento 7, 22, 30, 84-85
    da caixa torácica 85
    da pelve 85
    de pernas 85
    de tornozelo 85
    dos quadris 85
Arte 47
Articulações 24, 27-28
    cartilaginosas 24
    fibrosas 24
    sinoviais 24
Artistas 100-106
Assemblé 57
Astaire, Fred 10, 102-103, 103*f*
Atitude performática 42
Atkins, Cholly 107
Aula de sapateado
    ambiente da 4
    aquecimento na 7, 22, 30, 84-85
    assiduidade na 6
    estrutura da 6-9
    música na 4
    noções básicas 3-4
    objetivos da 3
    papel do professor na 4
    papel dos músicos na 4
    pontualidade na 6
    preaquecimento na 6, 84
    preparação para a. *Ver* Preparação
    relaxamento na 8-9, 89, 89*f*-91*f*
    sala para a 4
    trabalho de técnica na 7-8

B
Ball-change 87-88, 87
Barra
    comportamento na 86-87
    definição 4
    descrição 85-86
    exame prático na 48-49
    exercícios na 87
    posição na 86*f*
Bates, Peg Leg 100
Batida 43
Batidas por minuto 44-45
Benefícios à saúde 2
Bíceps, alongamento para 90*f*
Bolhas 29
Briggs, Bunny 105
Broadway style tap 107
Brown, King Rastus 100
Brush 65, 87
Bryant, Willie 100
Bubbles, John W. 102
Buck time step 78-79
Buck-and-wing 106
Buffalo 71-72

C
Calenda 95
Capezio
    duotone 15
    supertone 15
    teletone 15
Carboidratos 35
Centro 7
    trabalho de 88-89
Cha-cha-cha 70
Chaplin, Charlie 94
Chassé 70

Chica 95
Chug 66
Cinesiologia 27-28
Circundução 28
Class acts 107
Clave 44, 45f
    de fá 44, 45f
    de sol 44, 45f
Climatização do estúdio 22
Coles, Honi 107
Comando 38-39, 41
Combinações 8, 47-50, 88
Compasso 43, 44f
    binário 43, 44f
    quaternário 43, 44f
    ternário 43, 44f
Componentes de condicionamento
    relacionados à aptidão 17
    relacionados à saúde 16-17
Comportamento 4-6, 86-87
    no estúdio 5
Composição corporal 17
Compressão 30
Condicionamento 33-34
    princípios do 33-34
    relacionado à aptidão 17
    relacionado à saúde 16-17
Consciência
    corporal 7, 52
    de relacionamento 52
Contração(ões)
    concêntricas 25
    dinâmica 25
    excêntricas 25
    isotônicas 25
    musculares 25
Conversas paralelas 5
Coordenação 7, 17
Costas, alongamento para 90f
Coxas, alongamento para 91f
Cramp roll 72, 76

D
Dança
    africana 94-96
    fantasma 96-97
    irlandesa 94
    nativa norte-americana 96-97
Davis, Sammy Jr. 102
Decúbito
    dorsal 27
    ventral 27
Descanso 30, 35-36
Dicas 40
Dig 63, 65f
Dinâmica musical 44
Direção (linha de movimento) 52
Direções do palco 88
Distensões 29
Divisão de compasso 44
Dor muscular tardia 89
Double front essence 73
Double time step 79

E
Ebsen, Buddy 105
Electric slide 60
Elementos rítmicos 43-45
Entorses 29
Equilíbrio 17, 85-86
Equipamentos de dança 13
Era do *swing* 47
Esqueleto
    apendicular 24
    axial 24
Essence soft-shoe time
    double front essence 73
    single front essence 72-73
Estilos
    de sapateado 106-108
    musicais 46
Estresse 2, 15-16
Eustress 15
Exame prático 48-50
Exercícios
    de flexibilidade 7-9, 30
    do princípio FITT 33-34
    isolados 7, 84
    na barra 86-87
Expectativas dos alunos 4-6
Extensão 27-28

F
Falling off the log 74
Fase
    associativa do aprendizado 9
    cognitiva do aprendizado 9
Feedback 40
Filmes 99-100
FITT 33-34
Flap 7, 68, 88
Flap-ball-change 74, 88
Flap-heel 69
Flexão 26-28
Flexibilidade
    alongamentos para melhorar a 89
    benefícios do sapateado na 2
    definição de 17
    exercícios de 7-9, 30
Fluxo 52
Força 34, 52
    e resistência musculares 17
Foxtrot 60
Fraseado musical 43-44
Funk tap 107

G
Gallop 59
Gelo 30
Gilbert, Al 85
Giro 81
Giro lápis 81
Glover, Savion 1, 10, 105
Going no place 74
Gordura 35
Grapevine 61
Green, Charles 102

H
Habilidade(s)
  de condicionamento 17
  motora 9
Heel 64, 65*f*
Heel drop 64
Heel-toes 7
Hidratação 35
Higiene pessoal 6, 13
Hines, Gregory 104
Hiperextensão 28
História 1, 10, 93-108
Hoofing 107
Hop 56
Hornpipe 94

I
Informações de saúde pessoal 24
Ingestão dietética de referência (DRI) 35
Instrumental, música 46-47
Irish 75
Isquiotibiais, alongamento para 90*f*

J
Jazz tap 107
Jim Crow, leis de 97
Joias 12, 23
Juba 94-95
Jump 57

K
Keeler, Ruby 100
Kemp, William 94
Knee bounces 80
Knee pops 80

L
Lane, William Henry 97
Leap 56
Legomania 80, 106
Leis de Jim Crow 97
Lento 45
Lesões 28-30
Ligamentos 24-25
Lindy (triplo) 75
Lunge 80
Luz e sombra 44

M
Macronutrientes 34
Mambo step 75
Maxie Ford 76
Memória
  de movimento 41
  muscular 9, 41
Memorização dos movimentos 41
Método(s)
  de ensino 7
  de ensino interativo 7
  PRICE 29-30
  ver, ouvir, movimentar-se 7
Métricas 44, 45*f*
Metrônomo 44-45

Military cramp roll 76
Miller, Ann 103-104
Moderato 45
Morris dance 94
Movimento(s)
  conceitos de 52
  contextualização de 40
  locomotor. *Ver* Movimentos locomotores
  memorização de sequências de 40-41
  na diagonal 7, 87-88
  observação dos 38
  padrões de 18
  realização de 39-40
  transferência de 42
Movimentos locomotores
  com ritmos irregulares 59-60
  com ritmos regulares 55-58
Músculos esqueléticos 24-25
Música
  descrição de 4
  escrita de 44, 45*f*
  leitura de 44-45
Musical tap 107
Musicalidade 42-45
Músicos 4

N
Nerve taps 7, 87
Nicholas Brothers 100-101
Nível 52
Noção espacial 18, 52
Notas 43
Nutrição 34-35

O
Ombros 85, 89*f*

P
Paddle turn 76
Panturrilhas, alongamento para 91*f*
Passé 80
Passos de dança
  foxtrot 60
  grapevine 61
  polca 61
  schottische 61
  triplet 62
  two-step 62
  valsa 62
Passos de sapateado
  aprendizado dos 38-40
  audição dos 38-39
  execução dos 39-40
  habilidades necessárias para 9
  marcação dos 8
  observação dos 38
  para aquecimento 7
  prática dos 5
  que produzem dois sons 67-68
  que produzem quatro sons ou mais 71-79
  que produzem três sons 69-71
  que produzem um som 63-67
  repetição dos 8

Pastor, Tony 98
Pausas 44
Pauta 44, 45f
Peito, alongamento para 90f
Percepção cinestésica 18, 41-42
Performance artística 10
Pés
    aquecimento dos 85
    cuidados com os 13
    lesões nos 29
    posições dos 52-54
    símbolos dos 54
Pescoço 85, 89f
Piso do estúdio 22
Pitch 44
Pivô 77
Placas de metal 15
Plano
    frontal 27
    sagital 27
    transversal 27
Planos corporais 27
Polca 61
Posição
    anatômica 27-28
    na barra 86f
    primeira posição 53, 53f
    quarta posição 53, 53f
    quinta posição 53, 53f
    segunda posição 53, 53f
    terceira posição 53, 53f
Postura 16, 31-33
Potência 17
Powell, Eleanor 10, 102
Prática 5, 89
Prática mental 42
Preaquecimento 6, 84
Preparação
    descrição 5
    física 16-17
    mental 15-16
    mente-corpo 18
Presto 45
PRICE, método 29-30
Primeira posição 53, 53f
Princípio FITT 33-34
Princípios estéticos 47-48
Professor 4-5, 88
Pronação 31-32, 32f
Proteína 34-35
    completa 35
    incompleta 35
Pulso 43
    forte 43
    fraco 43

Q

Quarta posição 53, 53f
Quinta posição 53, 53f

R

Rebelião de Stono 95-96
Reed, Leonard 100
Reflexo de alongamento 89
Relaxamento 8-9, 89, 89f-91f

Resistência cardiorrespiratória 16-17
Rhythm tap 107
Rice, Thomas Dartmouth "Daddy" 97
Riff 70-71
Ritmo 43
Robinson, Bill "Bojangles" 101
Rogers, Ginger 102-103, 103f
Rotação 28
    lateral 28
    medial 28
Rotina de dança 8
Roupa 6, 12, 23
Run 55

S

Sapateado
    benefícios do estudo do 2-3
    benefícios para a saúde 2
    como arte performática 10
    definição de 2
    movimento não natural dos pés associado ao 9
Sapateado clássico 106
Sapatos 13-15
    de sapateado 2, 13-15
    de sola dividida 14
    no estilo tênis 14
Saúde mental 2
Schottische 61
Scuff 66
Segunda posição 53, 53f
Segurança 22-24
    no estúdio 22
    pessoal 23-24
Seleção musical 46-47
Shim sham 77
Shimmy 81
Shows de menestréis 97
Shuffle 68
Shuffle-cross-step 69
Shuffle-hop-cross-step 88
Shuffle-step 69, 88
Sims, Howard "Sandman" 102
Sinal de pausa 44
Sincopação 43
Single front essence 72-73
Single time step 78-79
Sissonne 58, 58f
Sistema
    esquelético 24-25
    muscular 24-26
Skip 59
Slap 68
Slide 60
    do beisebol 60
Slyde, Jimmy 51, 60, 102
Sobrecarga, princípio da 33-34
Soft-shoe 106
Sola de sapato 15
Spotting 82
Stamp 67
Step 63
Step dance inglês 94
Stomp 67
Stomp dance Cherokee 96
Sugars 78

Supinação 31-32, 32f
Suporte masculino 12
Susie Q 78
Sway 82

T
Técnica de sapateado 7-9, 40-42
Temple, Shirley 101
Tempo
    de reação 17
    e qualidade do desempenho 45
Tendões 24-25
Terceira posição 53, 53f
Terminologia 38, 54
Tesoura 77
Three-step turn 78
Tíbia,
    alongamento para, 91f
    região da 91f
Time steps 78-79
Toe tip 64, 65f

Toe-heels 7
Traje 6
Transferência de movimento 42
Trenches 71, 74
Tríceps, alongamento para 90f
Triple time step 79
Triplet 62, 70
Two-step 62

V
Valor das notas 43, 43f
Valsa 62
Vaudeville 97-99
Velocidade 17
Visualizações 16
Vocabulário de movimentos 41

W
Walk 55
Waltz clog time 79